XIFANG ZHEXUESHI
XUEXI YU KAOYAN FUDAO

西方哲学史
学习与考研辅导

李松雷 | 编著

山东人民出版社·济南

国家一级出版社 全国百佳图书出版单位

图书在版编目（CIP）数据

西方哲学史学习与考研辅导 / 李松雷编著. —济南：
山东人民出版社，2023.3

ISBN 978-7-209-14546-6

Ⅰ.①西…　Ⅱ.①李…　Ⅲ.①西方哲学–哲学史–高
等学校–教学参考资料　Ⅳ.①B5

中国国家版本馆CIP数据核字（2023）第057033号

XIFANG ZHEXUESHI XUEXI YU KAOYAN FUDAO
西方哲学史学习与考研辅导

李松雷　编著

主管单位　山东出版传媒股份有限公司
出版发行　山东人民出版社
出 版 人　胡长青
社　　址　济南市市中区舜耕路517号
邮　　编　250003
电　　话　总编室（0531）82098914
　　　　　市场部（0531）82098027
网　　址　http：//www.sd-book.com.cn
印　　装　济南万方盛景印刷有限公司
经　　销　新华书店

规　　格　16开（170mm×240mm）
印　　张　13.25
字　　数　300千字
版　　次　2023年7月第1版
印　　次　2023年7月第1次
ISBN 978-7-209-14546-6

定　　价　36.00元
　　　　　　如有印装质量问题，请与出版社总编室联系调换。

目 录 ⟫⟫⟫

导 论 ▶▶▶

【学习目标】

了解西方哲学史的发展阶段、发展线索；理解西方哲学史的研究对象；掌握学习西方哲学史的意义和方法；能够运用辩证唯物主义和历史唯物主义的观点正确分析、评价西方哲学史。

【学习要点】

1. 西方哲学史的研究对象

学术界一般把世界哲学分为中国哲学、西方哲学和印度哲学。这种区分的根据不是地域或空间，而是指三种不同的哲学理路和思想形态。

"西方哲学"主要指的是一种区别于中国哲学和印度哲学的独特的哲学形态。西方哲学史，就是关于西方哲学思想产生和发展的历史。在我国的课程体系中，一般把马克思主义哲学产生前的西方哲学的历史称为"西方哲学史"，把马克思主义哲学产生后的西方哲学称为"现代西方哲学"。也就是说，西方哲学史研究的是从公元前6世纪开始到19世纪德国古典哲学为止的2500多年间西方哲学发生、发展、演变的历史。2000多年来西方哲学的理想是论证宇宙的合理性，即为我们的世界寻求理由和根据。这种理想在黑格尔那里登峰造极："凡是合乎理性的东西都是现实的；凡是现实的东西都是合乎理性的。"同时，这种理想也在黑格尔那里终结了。

2. 西方哲学史的发展阶段

西方哲学2500多年的发展历程，一般可以分为四个阶段：

古希腊罗马哲学（公元前6世纪至公元5世纪）：这个时期哲学家重点关

注客观世界，开辟了自然哲学和形而上学（本体论）的传统，塑造了西方哲学最初的理论形态。

中世纪哲学（5世纪至15世纪）：理性与信仰问题成为这一时期的核心命题。中世纪哲学主要包括教父哲学和经院哲学，前者以奥古斯丁为代表，主要利用柏拉图主义论证基督教；后者以托马斯·阿奎那为代表，主要利用亚里士多德哲学为基督教作论证。

近代西欧各国哲学（15世纪至18世纪）：这一时期哲学研究的重点转向认识论领域，围绕知识的起源、基础、范围和方法等问题，形成经验论和唯理论两大派别。由于两派各执一端，最终都走向了死胡同。哲学家顺应社会变革的需要，公开倡导启蒙精神。法国启蒙运动者高举理性的大旗，批判和抨击一切权威，对西方资本主义社会的发展产生了深远的影响。

德国古典哲学（18世纪至19世纪）：受法国启蒙运动影响，德国文化开始觉醒，德国哲学家以思辨的形式回应着法国大革命带来的社会变革。他们把本体论、认识论、道德哲学和社会历史观融为一体，拓宽了哲学的视野，深化了哲学运思，使哲学向更深的维度推进。

3. 西方哲学史的发展线索

（1）唯物主义和唯心主义的对立。唯物主义主张世界的本原是物质，唯心主义认为世界的本原是意识。唯物主义从古代朴素唯物主义，到近代机械唯物主义，发展到费尔巴哈的人本论的唯物主义。唯心主义从柏拉图的理念论到中世纪的神学唯心主义，再到经验论和唯理论中的唯心主义，最后发展到德国古典哲学中的先验唯心主义和绝对唯心主义。

（2）可知论与不可知论的对立。在西方哲学史上，绝大多数哲学家都是可知论者，持不可知论的哲学家只是少数。古希腊哲学家皮浪、经验论者休谟、德国古典哲学家康德都是不可知论的典型代表。皮浪是彻底的不可知论者，他认为对于世界，人们是一无所知的。休谟和康德则主张我们只能认识一部分世界，经验或现象背后的世界是不可知的。

（3）辩证法和形而上学思维方式的对立。古代辩证法带有自发性、朴素性。在中世纪作为逻辑辩论的辩证方法实质上是一种形而上学的方法。18世纪法国唯物主义的思维方式基本上是形而上学的。德国思辨哲学把辩证法建立在唯心主义基础之上，费尔巴哈在批判黑格尔的唯心主义体系的同时却又陷入了形而上学。

4. 学习西方哲学史的意义

（1）学习西方哲学史，能够更好地把握人类认识发展的规律。

（2）学习西方哲学史，能够更好地理解马克思主义哲学的理论来源和变革意义。

（3）学习西方哲学史，能够更好地锻炼和提高理论思维能力。

（4）学习西方哲学史，能够更好地提升自身的哲学素养。

5. 学习西方哲学史的方法

（1）学习西方哲学史，要坚持历史唯物主义的方法。

（2）学习西方哲学史，要坚持辩证的分析方法。

（3）学习西方哲学史，要坚持逻辑和历史相统一的方法。

（4）学习西方哲学史，要坚持理论联系实际的方法。

6. 如何学习西方哲学史

（1）从问题出发。哲学思想是因问题而生的，抓住哲学家的问题是了解他们思想的第一步。在此基础上，跟随哲学家的思路，把握他们是如何解决问题的。

（2）多读原著。西方哲学思想特别是著名哲学家的思想因其独特的魅力而被后人不断阐发。有的阐释可能会背离哲学家的本意，而且哲学家的理论高度和思想境界很少有人能够达到，所以尽可能阅读哲学家的原著，获取第一手资料。

（3）端正态度。西方哲学是一种思辨的快乐，是对真理永无止境的探索。在学习过程中不能带有功利色彩，不要试图通过学习西方哲学获得财富和名利，而要端正态度，以淡泊明志的心态走进西方哲学的历程。

【强化训练】

一、判断题

1. 根据地域不同，哲学可以划分为中国哲学、西方哲学和印度哲学。

（　　）

2. 西方哲学重现世、尚事功。　　　　　　　　　　　　　　　　（　　）

3. 西方哲学史是指从公元前6世纪到19世纪德国古典哲学这2000多年西方哲学发生、发展、演变的历史。　　　　　　　　　　　　　　　　（　　）

4. 哲学最初是以人类知识的总汇面貌出现的。　　　　　　　　　（　　）

5. 唯物主义和唯心主义的相互渗透是常见的哲学形态。　　　　　（　　）

参考答案：

1. × 　2. × 　3. √ 　4. √ 　5. √

二、多选题

1. 西方哲学经历了2500多年的发展历程，一般可以分为以下哪几个阶段？（　　　）

A. 古希腊罗马哲学　　　　　　　B. 中世纪哲学

C. 近代西欧各国哲学　　　　　　D. 德国古典哲学

2. 在思维和存在何者为第一性的问题上，存在着（　　　）两个基本哲学派别。

A. 唯物主义　　　　　　　　　　B. 可知论

C. 唯心主义　　　　　　　　　　D. 不可知论

3. 学习西方哲学史的方法有（　　　）

A. 历史唯物主义的方法　　　　　B. 辩证的分析方法

C. 逻辑与历史相统一的方法　　　D. 理论联系实际的方法

4. 关于唯物主义和唯心主义，下列说法正确的有（　　　）

A. 唯物主义哲学家的观点都是正确的

B. 唯心主义哲学家的观点都是错误的

C. 马克思主义哲学产生之前的所有哲学家，在社会历史观上都持唯心论立场

D. 近代以来，唯物主义哲学和唯心主义哲学的差异越来越明显

5. 关于西方哲学史，下列说法错误的有（　　　）

A. 西方哲学反映的是西方人的思想，对于我们中国人没有意义

B. 西方哲学史上的思想已经过时了，对当代人没有意义

C. 西方哲学史是人类认识成果的结晶

D. 西方哲学史体现了人类认识逐步深入和全面发展的过程

参考答案：

1. ABCD　2. AC　3. ABCD　4. CD　5. AB

三、简答题

1. 简述西方哲学史的研究对象。

2. 简述西方哲学史的发展线索。

四、论述题

为什么要学习西方哲学史？

五、材料分析题

与科学相比，哲学家们在几乎所有的哲学问题上都未能达成最基本的共识，哲学中这种"众说纷纭、莫衷一是"的局面，套用英国哲学家霍布斯的一句话就是，哲学几乎就是一个"一切人反对一切人的战场"。

上述材料体现了什么哲学思想？你如何理解？

【拓展阅读】

案例1：哲学是什么

从词源上看，"哲学"这个词的英文名是"philosophy"，它来源于希腊语，由两个希腊单词"philein"和"sophia"结合而成。"philein"的意思是"爱"或"友爱"，而"sophia"的意思是"智慧"。因此，哲学活动就是"爱智慧"，追求智慧，古希腊人是这样理解哲学的。

古希腊哲学家毕达哥拉斯曾经说过，参加节日盛会的有三种人：一种人想参与比赛而求名，一种人想做买卖而获利，而最好的人则满足于做一个旁观者。哲学家与第三种人相似，弃绝名利，只想通过沉思而把握真理。柏拉图则

进一步说明为什么哲学是爱智慧的活动。在他看来，智慧这个词太大了，它只适合神而不适合人，我们人只能爱智慧。

古希腊之后的哲学家们不满足于仅仅把哲学理解为"爱智慧"，他们对哲学作出了形形色色的理解与解释。如黑格尔认为哲学就是哲学史。马克思主义认为哲学是理论化、系统化的世界观和方法论。直到今天，对于"哲学是什么"这个问题，还是没有达成共识，但这并不妨碍一代又一代人对哲学问题孜孜不倦的追求与探寻。

【思考】为什么对"哲学是什么"这个问题没能达成共识？既然如此，为什么不停止对哲学的探讨和研究？

【参考答案】哲学的定义在很大程度上与它的研究对象相关，而哲学研究的很多基本问题长期没有达成定论，因而对"哲学是什么"这个问题没有达成共识。

哲学植根于人类的本性。人的存在具有二重性，一方面人是肉体的存在，它是有限的，受到自然法则的限制；另一方面人又是一种有理性的存在，企图超越自身的有限性达到无限和永恒。这种对无限、永恒、绝对的追求是人的宿命，永远达不到却又一直在追求。这就意味着哲学永远在追问和求索的路途中。黑格尔说得好："一个有文化的民族竟然没有形而上学——就像一座庙，其他各方面都装饰得富丽堂皇，却没有至圣的神那样。"

案例2：中西方哲学的差异

中西方哲学之间存在着明显的差异，从下面中西方哲学家们的不同观点中我们可以窥探一二。

中国哲学家：

孔子："未能事人，焉能事鬼；未知生，焉知死。"

老子："道可道，非常道；名可名，非常名。"

胡适："凡研究人生切要的问题，从根本上着想，要寻一个根本的解决：这种学问，叫做哲学。"

西方哲学家：

德谟克利特："只找到一个原因的解释，比当波斯王还要好。"

亚里士多德："古往今来人们开始哲理探索，都应起于对自然万物的惊异；他们先是惊异于种种迷惑的现象，逐渐积累一点一滴的解释，对一些较重大的问题，例如日月与星的运行以及宇宙之创生，作出说明。一个有所迷惑与惊异的人，每自愧愚蠢；他们探索哲理只是为想脱出愚蠢，显然，他们为求知而从事学术，并无任何实用的目的。"

维特根斯坦在其著作《逻辑哲学论》的"序言"中说："这本书的全部意义可以概括如下：凡能够说的，都能够说清楚；凡不能谈论的，就应该保持沉默。"

【思考】根据材料，分析中西方哲学的差异有哪些。

【参考答案】著名哲学史家苗力田对中西方哲学的差异作了概括与总结：中国哲学重现世、尚事功、学以致用，西方哲学重超越、尚思辨、学以致知。具体来说，中国哲学注重现世性的道德修为和建功立业，要求人执着于现实世界，不去关心虚幻的形而上学问题。西方哲学的核心是学以致知，注重超越性的精神思辨和批判意识。当然，在西方哲学发展的某些时期也出现了与这种特质相反的现象，如近代哲学中的经验主义主张利用自然、改造自然为人类谋福利，但这并没有改变西方哲学的总体特征和基本倾向。此外，西方哲学更加注重论证和推理，在逻辑上要一丝不苟、严丝合缝，西方哲学对演绎法比较青睐；中国哲学不太注重逻辑论证，更多关注天人合一的体验、体悟，对经验归纳法比较感兴趣。这种差异只是哲学理路和研究方法不同，不存在孰优孰劣之分，不能用其中一种否定另一种。也正因为中西哲学存在着差异，我们才应该学习西方哲学中的优秀部分为我所用。

第一章
古希腊罗马哲学

第一节　古希腊早期哲学

【学习目标】

了解希腊哲学的产生及其发展阶段；掌握伊奥尼亚学派、毕达哥拉斯学派的主要思想；熟练掌握爱利亚学派特别是巴门尼德的哲学思想。在此基础上，初步形成独立思考和批判性思维习惯，学会带着问题去学习，尽快走上哲学的运思之路。

【学习要点】

1. 哲学为什么在古希腊产生

哲学产生于希腊"城邦"奴隶制后期。

（1）奴隶制关系的确立。奴隶制关系的确立，一方面促进了生产力发展，为哲学提供了用于总结和概括的材料。另一方面，由于奴隶制的确立，奴隶主依靠对奴隶的剥削，可以脱离开单纯的体力劳动，而专门从事精神生产与研究。

（2）哲学是城邦的女儿。希腊城邦制下的公民具有独立性和自主性，在思想上有较大的自由，这就为哲学的产生提供了重要的前提。同时，希腊人用法律来治理城邦，而法律本身就是从变化无常的现实生活中抽象出的某种统一性的尺度或规定，这就启发了希腊哲人从纷繁复杂的现象中寻求、把握本质的思想倾向。

（3）希腊神话的影响。希腊神话中蕴含着人们不得不服从的"命运""必然性""秩序"等，从而启发了早期希腊哲学家去探求宇宙的奥秘、现象背后的本质。希腊神话中的命运、必然性后来转化为哲学中的规律。

2. 泰勒斯的"水本原"说

泰勒斯最先开始思考并回答了"世界的本原是什么"这个哲学问题。他认为万物都是从水中产生，又复归于水。泰勒斯把水看作是万物的本原，原因有二：一是自然观察的结果。他观察到万物都以湿的东西作为滋养料，而水正是潮湿东西的本性来源。二是受希腊神话的影响。在希腊神话中，水神、海神被看作是神的始祖。"水本原"说虽然在今天看来似乎是幼稚的，但它是人们第一次摆脱神话思维而用自然物质本身来说明万物本原的尝试，由此开启了一种崭新的认识世界、解释世界的方式。

3. 阿那克西曼德的"无定"说

阿那克西曼德是泰勒斯的学生，他一方面继承了泰勒斯对本原的探究，另一方面又看到了"水本原"说的局限性，即丰富多彩的物质世界不能被简单归结为某一特定的物质形态和属性。他认为能够成为万物本原的一定是没有任何具体规定性的东西，他称之为"无定"。"无定"中蕴含着冷和热、干和湿的对立。冷和湿产生水，热和湿产生气，冷和干产生土，热和干产生火，水、火、土、气形成万物。他还提出了"补偿原则"，用以解释一些事物的生成必然伴随另一些事物的消亡。

4. 阿那克西米尼的"气本原"说

阿那克西米尼是阿那克西曼德的学生，他主张"气本原"说。气有冷和热两种性质。气遇热稀散成火，遇冷凝聚成风，再遇冷凝聚成云、水、土、石。这种生成观是典型的转化生成观。

【拓展】同"无定"说相比，"气本原"说是不是一种倒退？

一种看法认为米利都学派的三位哲学家都把某种无定形的东西作为世界

的本原，"无定"比水、气更加无定形，因而阿那克西曼德最高明。相对于"无定"说，"气本原"说是一种倒退。另一种看法则认为"气本原"说不是倒退。因为"无定"作为本原有一个缺陷，即我们不知道它是什么。阿那克西米尼想寻找一种东西：既保留"无定"的不定形和无规定的特征，又和水一样具有特定的性质，他找到了"气"。这种思想是对泰勒斯和阿那克西曼德的综合，因而"气本原"说不是倒退。显然，第二种看法更合理。

5. 赫拉克利特的"逻各斯"

赫拉克利特提出了"火本原"说。火按照一定分寸燃烧，一定分寸熄灭，这个"分寸"就是"逻各斯"。逻各斯既有客观含义，又有主观含义。它的客观含义是指规律或秩序，主观含义是指理性或智慧。逻各斯的客观含义和主观含义在赫拉克利特那里是统一的，所谓理性或智慧就在于对客观规律或秩序的认识和把握。

逻各斯的提出具有重要的意义：其一，逻各斯使知识有了确定性。其二，逻各斯使赫拉克利特的哲学具有了二元式结构，并影响了以后西方哲学的走向。其三，逻各斯及其衍生的"逻辑"影响了后来西方哲学、神学和科学的发展。

6. 赫拉克利特的朴素辩证法

赫拉克利特的哲学中充满了朴素的辩证法思想。

第一，关于万物运动、变化的普遍性思想。如："一切皆流，万物常新。""人不能两次踏入同一条河流。"

第二，关于对立面统一和斗争的学说。如："相反的力量造成和谐，就像弓与琴一样。""生与死、醒与睡、少与老是同一的。"

第三，强调事物的相对性和不同的评价标准。如："海水最干净，又最脏：鱼能喝，有营养；人不能喝，有毒。""最美的猴子同人类相比也是丑的。"

赫拉克利特的辩证法虽然是自发的，但是内容丰富，具体生动，因此列宁把他看作是辩证法的奠基人之一。

7. 毕达哥拉斯学派的"数本原"说

毕达哥拉斯学派从对数学的研究中发现，任何事物都有量的规定性，都可以计数。因此抽象的数比水、土、火、气等更有普遍性，更有资格充当万物的本原。由此得出：万物皆数，数是万物的始基。万物是怎样从数中产生的呢？世界最初只有"1"（"1"表现为点），"1"生"2"（"2"表现为线），线生面，面生体，体构成水、火、土、气四种元素，四种元素相互组合形成万物。显然，在毕达哥拉斯学派那里，数还没有摆脱形，不是完全抽象的。同时，他们还用自然数来象征无形事物，使得数带有神秘主义色彩。

评价：一方面，毕达哥拉斯学派完全颠倒了物和思想的关系，认为数是先于具体事物而独立存在的东西，是唯心主义。但另一方面，与伊奥尼亚哲学相比，毕达哥拉斯学派重视理论概括，它不是从有形体的质料出发寻找万物本原，而是对现存事物的共同属性，即对数进行抽象，因而具有超越性，这是哲学发展的一种进步。在此意义上，黑格尔作出了较为中肯的评价：毕达哥拉斯最伟大的贡献在于推动哲学由实在论哲学向理智哲学过渡。

8. 色诺芬尼的一神论

色诺芬尼批判了神话中流行的神人同形同性论，并提出了自己关于神的新见解，即真正的神是一、是存在，这个神在形体和心灵上都不像人。色诺芬尼认为神具有以下特征：首先，神是唯一的；其次，神是不动的；最后，神可以全视、全思、全听。神是无形的，他用思想统治世界。这个神超越了人的特殊性和有限性，具有普遍性和绝对性。

色诺芬尼还论证了神是不生不灭的，他使用的论证方法是归谬法：假定神是产生的，要么是从相同的东西中产生，即神生神，两个东西相同，这不是产生；要么是从不同的东西中产生，而无中不能生有，非神不能产生神。既然神不能从相同的东西中产生，也不能从不相同的东西中产生，所以神就不是产生的，而只能是不生不灭的。色诺芬尼的论证虽然在逻辑上不严密，但是相比于他之前的哲学家只是断言而并没有证明自己的哲学思想来说是一种进步；而且，这种论证方式（归谬法）也开了哲学思想需要论证的先河，经芝诺的诡辩论发展成为希腊的辩证法，并最终促进了逻辑的产生。

9. 巴门尼德的存在论

巴门尼德是色诺芬尼的学生，他把色诺芬尼的"神"表述为一个纯粹的哲学概念——"存在"，与此相区别的一切处于运动流变之中的事物则被他称为"非存在"。

存在存在，非存在不存在。巴门尼德认为哲学的基本任务就是把存在和非存在区别开来。存在具有以下特征：存在是不生不灭的；存在是独一无二的；存在是不变不动的；存在在空间上是有限的，是一个圆。在巴门尼德看来，存在就是概念、思想（本质），非存在则指具体事物（现象）。

存在是思想的对象。巴门尼德认为，一方面，思想的对象只能是存在，不能是非存在。另一方面，存在也只能由思想把握，靠感觉是无能为力的。语言也只能表达概念，具体的存在物是不能言说的。在这个意义上，思维与存在、语言具有同一性。

巴门尼德区分了真理之路与意见之路。他认为只有坚持"存在者"存在，"非存在"不存在，才是唯一的"真理之路"，其他的都是"意见之路"。巴门尼德通过区分真理之路与意见之路的方式，将处于流变中的自然万物与存在分离开，但没有考虑两者的统一问题，从而给以后的哲学家出了一道难题。巴门尼德并没有完全否认意见之路，他认为对常人的意见也要加以领会。

【拓展】巴门尼德强调概念、本质、思想，忽视了生动活泼的可感事物。海德格尔对此提出批判，认为巴门尼德把活生生的存在扼杀了，导致后来的哲学家们过分追求形而上学，沉浸在概念、语言构筑的虚假世界里，遗忘了真正的存在。显然，海德格尔对"存在"的理解与巴门尼德是完全不同的。

10. 芝诺悖论

芝诺的哲学主要是为其师巴门尼德的思想做论证。巴门尼德主张存在是不变不动的、独一无二的，芝诺则从反面论证运动是不成立的、杂多是不存在的。

芝诺否定运动的论证主要有四个：

"二分法"：运动着的事物在到达目的地之前，要先完成路程的1/2；在达到1/2处之前，又要完成1/2的1/2，以此类推，永远不能到达终点。

"阿基里追不上乌龟"：奥林匹克赛跑冠军阿基里和乌龟赛跑，乌龟先爬行一段路程；当阿基里跑完这段路程时，乌龟又往前爬了一段路程；当阿基里跑完这一段时，乌龟又再向前爬了一段……以此类推，阿基里永远追不上乌龟。

"飞矢不动"：飞箭在一段时间里通过一段路程，这段时间可以被分成无数时刻，在每一个时刻飞箭都占据着一定的位置，因此是静止不动的。而所有静止的总和还是静止，所以飞箭是不动的。

"运动场"：有两排物体，大小相同，数目相等，一排从终点排到中间点，另一排从中间点排到起点，当它们以相同的速度作方向相反的运动时，就会在时间上出现矛盾。芝诺认为这可以证明一半的时间等于一倍的时间。

芝诺否定多的论证有"大小的论证"和"谷粒的论证"。

"大小的论证"：假定存在是多，它的构成部分要么是有限多，要么是无限多。无限多的构成部分或者是有体积的，或者是无体积的，有体积导致无限大，无体积导致无限小。一个事物不可能既是无限大同时又是无限小，所以无限多是不可能的。这里芝诺把选言判断（或）变成了联言判断（和），犯了逻辑错误。有限多的构成部分或者是连续的，或者是间断的，连续的意味着两个部分之间可以插进无数个中间序列，导致无限多；间断的意味着一个部分可以一分为二，再一分为二……也导致无限多，这与前提相矛盾，所以有限多也不存在，因而存在是多是错误的。

"谷粒的论证"：一粒谷子掉在地上没有声音，由许多粒谷子组成的一斗谷子洒落在地上会出响声，由此得出事物由多组成乃是一种假象。

在芝诺的论证中，有一些是完全错误的，如"运动场""谷粒的论证"。另一些貌似荒谬，实则包含着辩证法。例如，"二分法"和"阿基里追不上乌龟"涉及空间和时间的无限可分性问题，"飞矢不动"蕴含着动与静的关系问题等。也因此，亚里士多德把芝诺称为辩证法的创始人。

11. 麦里梭对巴门尼德哲学的修正

麦里梭是巴门尼德的学生，其哲学思想主要是修正了巴门尼德哲学的两个缺陷。其一，巴门尼德主张存在在时间上是永恒的，在空间上是有限的。麦里梭认为假使承认存在在空间上是有限的，就会出现在存在之外还有其他东西的逻辑可能，这同存在是不生不灭的相矛盾。麦里梭敏锐地觉察到只要承认存在在时间上是无限的，那么必然也要承认存在在空间上是无限的。其二，巴门尼德主张存在存在，非存在不存在，这就否认了可感事物和现象界，很明显是与常识相悖的。麦里梭也将重点放在了存在上，但他同时认为非存在也是一种存在，只不过是一种不真实的存在。

【强化训练】

一、填空题

1. 被誉为"西方哲学之父"的哲学家是（　　　）。
2. 最先提出"本原"一词的哲学家是（　　　）。
3. 亚里士多德把（　　　）称为辩证法的创始人。
4. 提出"气本原"说的哲学家是（　　　）。
5. 毕达哥拉斯学派主张万物的本原是（　　　）。

参考答案：

1. 泰勒斯　2. 阿那克西曼德　3. 芝诺　4. 阿那克西米尼　5. 数

二、多选题

1. 属于伊奥尼亚学派的哲学家有（　　　）

A. 泰勒斯　　　　　　　　　B. 阿那克西曼德

C. 巴门尼德　　　　　　　　D. 赫拉克利特

2. 色诺芬尼认为神是（　　　）

A. 唯一的　　　　　　　　　B. 不变不动的

C. 同形同性的　　　　　　　D. 不生不灭的

3. 阿那克西曼德（　　　）

A. 提出人是由鱼进化来的

B. 是泰勒斯的老师

C. 把"无定"看成是万物的本原

D. 提出"补偿原则"

4. 麦里梭的哲学思想包括（　　　）

A. 非存在不存在　　　　　　B. 非存在也是一种存在

C. 存在在时间上是永恒的　　D. 存在在空间上是有限的

5. 关于毕达哥拉斯学派，下列说法正确的有（　　　）

A. 是古希腊最早的唯心主义学派

B. 创始人是毕达哥拉斯

C. 是一个哲学团体

D. 是一个宗教团体

参考答案：

1. ABD　2. ABD　3. ACD　4. BC　5. ABCD

三、简答题

1. 简述泰勒斯的"水本原"说。

2. 简述巴门尼德的真理之路和意见之路。

3. 简述"飞矢不动"。

四、论述题

论述巴门尼德的存在论。

五、材料分析题

"赫拉克利特断言一切都遵循命运而来，命运就是必然性。——他宣称命运的本质就是贯穿宇宙实体的'逻各斯'。"

"'逻各斯'虽然是人人共有的，多数人却不加理会地生活着，好像他们有一种独特的智慧似的。"

请回答：上述材料体现了什么哲学观点？运用所学知识加以分析。

【拓展阅读】

案例1：俄狄浦斯

俄狄浦斯是希腊神话传说中的悲剧人物，他是忒拜王拉伊俄斯和王后伊俄卡斯忒的儿子。在他出生之前，阿波罗神曾对他父亲拉伊俄斯预言，这个孩子将来会杀父娶母。为了避免悲剧的发生，在俄狄浦斯出生后，他的父亲便令仆人把他抛弃在喀泰戎峡谷里，并把他的左右小脚跟钉在一起。仆人怜悯这个婴孩，偷偷地把他送给了在那里山上牧羊的一个牧人。牧人又把婴孩送给了邻国的国王波吕玻斯和王后墨洛珀，他们没有儿子，于是收养了俄狄浦斯。

俄狄浦斯长大以后，从阿波罗神的预言中得知了自己的可怕命运。为避免神谕成真，他离开了波吕玻斯和墨洛珀，并发誓永不再回来。在路上，与他的生父忒拜王拉伊俄斯狭路相逢。狭窄的道路只能容纳一人通过，国王拉伊俄斯粗暴地命令俄狄浦斯让路，俄狄浦斯盛怒之下与拉伊俄斯争斗，最后将其杀死。俄狄浦斯进入忒拜城之后，破解了斯芬克斯的谜语，替忒拜人除了人面狮身怪兽的大害，被人民拥戴为忒拜王，并按照习俗娶了前王的妻子，也就是他的生母伊俄卡斯忒，应验了他"弑父娶母"的命运。

由于俄狄浦斯犯下了"弑父娶母"的大罪，遭到了上天的惩罚：尽管他励精图治，但他统治的国家仍不断有灾祸与瘟疫发生。俄狄浦斯向神祇请示，想要知道上天为何会降下灾祸，神谕让他找出杀害前王拉伊俄斯的凶手。在先知提瑞西阿斯的提示下，俄狄浦斯才知道他是拉伊俄斯的儿子，杀害前王的凶手正是他自己，终究还是应验了神谕。他的母亲伊俄卡斯忒得知真相后羞愧地上吊自杀，悲愤不已的俄狄浦斯在安葬完母亲后，用胸针刺瞎了自己的眼睛，离开了国家，在他女儿安提戈涅的牵引之下流浪四方，来惩罚自己犯下的弥天大罪。

【思考】希腊神话对希腊哲学有什么影响？

【参考答案】希腊神话是希腊哲学的主要思想来源。希腊神话中俄狄浦斯和他的父亲拉伊俄斯想尽办法逃离命运，可这种逃离恰恰实现了注定的命运。希腊神话中的命运、必然性后来转化为哲学中的规律。

案例2：希腊智慧第一人

泰勒斯是西方第一个自然科学家和哲学家，他出生于米利都城，是希腊最早的哲学学派——米利都学派的创始人。他是古希腊"七贤"之一，被誉为"西方哲学之父"。

泰勒斯平日里醉心于哲学与科学研究，不修边幅，生活也不富裕。一天，他风尘仆仆地从大街上走过，衣衫褴褛。一位商人挖苦他："泰勒斯，都说你是一个知识渊博的哲学家，可是据我看来，理论是没有用的。理论知识既不能给你带来金子，也不能给你带来面包，只能给你带来贫困和寒酸。"泰勒斯听了十分生气，他反击说："我不能容忍你利用我的贫困来贬低和攻击理论的作用。我要用事实来教训你，等着瞧吧！"

泰勒斯决心化知识为力量。他经过周密的预测和计算，断定明年将是橄榄的大丰收年。到了冬天，他拿出所有的钱，以相当廉价的租金，租了附近所有的榨橄榄油的机器。

　　果然，第二年橄榄空前大丰收，对榨油器的需求骤然剧增。可是全部榨油器已被泰勒斯垄断了。他乘机抬高租金，许多想租用榨油器的人都拥挤在泰勒斯的门前。那位曾经挖苦过泰勒斯的商人也满头大汗地在人群中挤来挤去。泰勒斯一眼就看见了他，便走上前去用嘲弄的口吻对他说："高贵的商人，看到了吧？这些榨油器都是我用理论知识搞到手的。我要想发财，简直易如反掌，只要略施小计，就可以像你一样有钱。但是我追求的并不是几个小钱，我需要的是理论知识这一无价之宝，这是金钱买不到的伟大力量。"

　　【思考】泰勒斯的故事对你有什么启发？

第二节　原子论哲学

【学习目标】

　　了解恩培多克勒的同类相知说、阿那克萨戈拉的异类相知说；理解阿那克萨戈拉提出"努斯"的重要意义、伊壁鸠鲁对原子论的修正与发展；掌握如何由四根说发展到种子说、再到原子论的内在逻辑过程；辩证地分析原子论哲学的贡献与存在的问题。

【学习要点】

1. 四根说

　　恩培多克勒继承了希腊早期哲学家用某种具体的物质解释万物生灭变化的哲学倾向，他借用四位神祇的名称，明确宣称水、火、土、气是万物之根。四根依照不同的比例组合在一起，就产生出具体事物，而四元素分解则是事物的消亡。事物之间分分合合，但是构成事物的这四种元素则是永恒的、不生不灭的"存在"。

　　【拓展】恩培多克勒认为本原有四个，同希腊早期哲学追求一个本原相比，是不是一种倒退？

不是倒退，因为四根之间不能相互转化，表明在多中仍然保持着一的特性，所以四根既是"一"，又是"多"。一与多的这种结合推动着自然哲学从单一的本原寻求发展到了比较复杂的物质结构。

2. "友爱"与"争吵"（"爱"与"恨"）

为了解释万物的生灭问题，恩培多克勒提出"友爱"与"争吵"。水火土气四种元素本身并没有组合与分离的能力，是它们之外的"友爱"与"争吵"作为动力，才使得它们分分合合。"友爱"是一种亲和力，它能使四根组合，形成事物。"争吵"是离散力，它使四根分离，事物消亡。恩培多克勒认为"爱的长和宽是相等的"，因此在他那里"爱"和"恨"不是精神性的，而是物质性的。恩培多克勒在四元素之外寻求它们聚散离合的原因，他不仅是第一位多元论者，也是第一位外因论者。

3. 同类相知说

恩培多克勒是第一个创立了较为系统的认识论的哲学家。他认为，一切事物都在不断地从其表面发出一种流射，而人的感官具有无数的通道，当流射物通过与其相适应的通道时，人便产生感觉。一定的流射只能与它同类的通道相适应、为它所感觉。如果通道太宽，流射一直通过而与通道不相接触，不能产生感觉；如果通道很窄，流射物无法通过，也不能产生感觉。这一思想被称为"同类相知说"。

4. 种子说

阿那克萨戈拉认为千差万别的事物都有自己的本原，这无限多的本原就是构成事物的最小微粒，即"种子"。种子具有以下性质：第一，种子是永恒的；第二，种子是无限的；第三，种子是同类的；第四，种子是混合而存在的；第五，种子没有运动能力。世界万物都是由这种数目无限多、体积无限小且有各种形状、颜色、气味的种子组成的。如"毛发"是由毛发的种子构成的。种子说离德谟克利特的原子论只有一步之遥了。

5. "努斯"（心灵）

种子没有运动能力，如何形成万物？阿那克萨戈拉提出了"努斯"（nous）

这一重要概念。nous亦意译为"心灵""理性"。他认为努斯是运动的主要原因，心灵能支配整个漩涡运动。努斯对哲学的贡献不仅在于它是运动的原因，更重要的是它已经是一个全新的、纯粹的精神概念了。这是西方哲学史上第一次明确地把物质和精神区分开来。

6. 异类相知说

在认识论上，阿那克萨戈拉着重探讨了感觉的产生问题。与恩培多克勒的观点相反，他提出了"异类相知说"。阿那克萨戈拉认为，感觉由相反者生成：由热而知冷，由咸而知淡，由苦而知甜，可见的东西使昏暗的东西显现出来。虽然他的异类相知说与恩培多克勒的同类相知说在内容上正好相反，但是在坚持感觉来源于物质对象的作用这一点上，二者是一致的。

7. 原子与虚空

德谟克利特在总结前人思想的基础上，提出了原子论思想，主张宇宙万物的本原是原子和虚空。"原子"直接的含义是"不可分割的东西"，是构成一切事物的最后单位。原子的内部充实坚固，没有虚空；原子数量无限，性质相同；原子不生不灭；原子"不能为感官所感知"，因为形状、次序和位置上的不同而相互区别。上述思想较之四根说和种子说是一种继承和发展，它还具体谈到了物质结构问题，这些都应予肯定。但原子论并非建立在科学实验的基础之上，仍是一种朴素唯物主义观点。

德谟克利特认为"虚空"虽然空虚而稀薄，但同样实在。虚空是原子运动的场所和必要条件，其特点是松散。德谟克利特称原子为"存在"，虚空为"非存在"。他认为非存在也是真实存在的。

【拓展】注意德谟克利特的"存在""非存在"与巴门尼德的"存在""非存在"的区别，同一个哲学概念在不同的哲学家那里含义是不一样的。

8. 原子与运动

原子与四根或种子的另一个重要区别在于原子具有能动性。原子并非受他物的推动而是本身永远在运动，即运动是原子本身所固有的属性。世界上的事物就是由各种形状、大小不同的原子在无限的虚空中，凌乱而急剧地运动，相互碰撞、相互结合而形成的，原子的分离是物质的消亡。灵魂是由更加精细和活跃的原子构成的，人一死，构成灵魂的原子也就消散了，不存在"不死的灵魂"。德谟克利特的原子论承认世界是物质的、物质是运动的，坚持了辩证唯物主义的基本方向。

9. 必然与偶然

德谟克利特把原子在虚空中进行漩涡运动生成宇宙的过程看作是必然的，并断言"万物都根据必然生成""没有什么事物是偶然生成的"。他的这种宇宙生成观点，不仅排除了神话迷信的创世说，而且比恩培多克勒、阿那克萨戈拉的外因论更具合理性。但是，他把一切都归结为必然性的观点亦有很大的局限性：一方面无法有效地解释原子如何能发生碰撞形成万物，另一方面也带有浓厚的机械决定论色彩。后来的哲学家伊壁鸠鲁对此作了修正。

10. 感觉与理智

在认识论上，德谟克利特提出了"影像"说。他认为每一个物体都会发出一种与自身形状相似的影像，这种影像通过空气的作用而在我们的眼睛里压下印记，从而形成感觉和思想。这是唯物主义反映论的首次明确表达。

德谟克利特把认识分为"暗昧的认识"和"真理性的认识"，他认为感觉只能认识事物的表面，是暗昧的认识；理性能认识原子与虚空，是真理性的认识。

11. 伊壁鸠鲁对原子论的继承和发展

伊壁鸠鲁是希腊晚期的思想家，他继承了德谟克利特的原子论，认为世界万物都是由原子和虚空构成的。针对德谟克利特原子论的不足，伊壁鸠鲁作出了修正和发展。为了解释原子运动的原因，伊壁鸠鲁提出原子有重量的思想。由于原子有重量，它们必然在虚空中作向下的降落运动。同时，虚空本身是空的，不存在任何阻力，所以这种运动是直线下降的运动。重量不同的原子都是平行、等速向下降落的。原子的重量是原子运动的内在原因，自然的垂直平行等速降落是原子运动的主要形式。

为了说明原子的结合，伊壁鸠鲁还提出了原子偏斜运动的思想。原子在下降过程中，有的原子由于其内部原因导致它们脱离了原来的直线运动轨道，向旁边倾斜出去，这样原子便能相互碰撞，从而结合成世界万物。原子偏斜运动的思想不仅进一步说明了原子如何形成万物的问题，而且找到了偶然性的客观依据，从而克服了德谟克利特把原子直线运动绝对化、只承认必然性而否认偶然性的片面思想。

12.希腊早期哲学的两条线索

一条是从伊奥尼亚派开始，经过恩培多克勒和阿那克萨戈拉，发展到德谟克利特的原子论，他们把某种、某几种具体物质或物质的结构看作是世界本原，具有朴素唯物主义的倾向。另一条是以毕达哥拉斯学派和爱利亚学派为主，他们把抽象的数、存在作为本原，具有唯心主义的倾向。

【强化训练】

一、判断题

1. 恩培多克勒认为本原有四个，同希腊早期哲学追求一个本原相比，是倒退。　　　　　　　　　　　　　　　　　　　　　（　　）

2. 恩培多克勒的"爱"和"恨"不是精神性的，而是物质性的。（　　）

3. 德谟克利特的原子论哲学是古代自然哲学的最高峰。（　　）

4. 阿那克萨戈拉不仅是第一位多元论者，也是第一位外因论者。（　　）

5. 阿那克萨戈拉在认识论上提出了"同类相知"说。（　　）

参考答案：

1. ×　2. √　3. √　4. ×　5. ×

二、多选题

1. 作为本原，"种子"具有以下哪些性质？（　　　）

A. 永恒性　　　　　　　　　B. 无限性

C. 同类性　　　　　　　　　D. 没有运动能力

2. 德谟克利特认为虚空（　　　）

A. 是原子运动的场所和必要条件

B. 是非存在

C. 不是真实存在的

D. 是松散的

3. 关于德谟克利特的认识论思想，下列说法正确的有（　　　）

A. 认识分为"暗昧的认识"和"真理性的认识"

B. 通过感觉获得的知识是暗昧的认识

C. 通过理性获得的知识是真理性的认识

D. 感觉不能反映原子的本性

4. 关于阿那克萨戈拉，下列说法正确的有（　　　）

A. 第一次探讨了认识论问题

B. 第一次公开地把精神性的"努斯"作为本原

C. 第一次把看不见的物质元素"种子"作为本原

D. 第一次把哲学引入雅典

5. 关于"努斯"，下列说法错误的有（　　　）

A. 它是由德谟克利特提出来的

B. 它是运动的原因

C. 它具有可感性质

D. 它是一个纯粹的精神概念

参考答案：

1. ABCD　 2. ABD　 3. ABCD　 4. BCD　 5. AC

三、简答题

1. 简述伊壁鸠鲁对原子论的继承与发展。

2. 简述恩培多克勒的四根说。

四、论述题

论述德谟克利特的原子论思想。

五、材料分析题

"过去曾经存在的东西，现在存在的东西，将来会存在的东西，全都是心灵的安排。现在分开了的日月星辰的旋转，以及分开了的气和以太的旋转，也都是心灵的安排。……就是这个旋转造成了分离，于是稠密与稀薄分开，冷与热分开，明与暗分开，干与湿分开。其中有许多种事物的多种成分。"

请回答：上述材料体现了什么哲学观点？运用所学知识加以分析。

【拓展阅读】

案例1：德谟克利特逸事：宙斯的惩罚

据说，德谟克利特有一次因为不信神而被传讯。在法庭上，德谟克利特讲哲学讲科学，但是昏聩的老法官一概不听——他只相信神。德谟克利特看了老法官一眼，忽然灵机一动，对老法官说："法官先生，你最尊敬神，这是很好的。那你一定听说了，先前我的一个邻居说我得了神经病，结果给天上掉下来的乌龟打破了头。"

这件事情早已在城里传开了，老法官当然也听说过了。于是，老法官说："那是最高神宙斯派他的传信鸟对你邻居的惩罚。由此看来，你更应该相信神。"

德谟克利特说："那么好吧！我的邻居只不过说我得了神经病，最高神宙斯就派老鹰对他做了严厉的惩罚。可见神喜欢谁是十分清楚的，现在任你判我多重的刑罚都可以，反正最高神宙斯是会给我做主的。我已经看到他派出的老鹰正向这里飞来了。"

老法官吓得赶紧改口说："我知道你是最高神宙斯所喜欢的人，你使我们的城邦能得到神的保佑，你是我们城邦的光荣。我现在就宣布你无罪……"

回去以后有人问德谟克利特："你不是说一切都是自然的原因引起的吗？怎么在法庭上你又说是宙斯的惩罚呢？"

德谟克利特回答说："真理只能和相信真理、爱好真理的人谈论。对于那些昏庸的家伙，只能用别的办法去对付他们。"

别人又问他："那你邻居的头为什么会被打呢？"

德谟克利特回答说："这里根本没有什么神的作用，而完全是自然的原因。根据对老鹰的解剖可知，老鹰是最喜欢吃乌龟肉的。但乌龟的壳很硬，为了吃到龟肉，老鹰常把乌龟叼起飞到空中，当看到地上有光滑的石头时，便将乌龟甩下来，龟壳甩破，龟肉也吃到了。当时，这位邻居站在太阳下面，阳光照在他的光头上，老鹰从空中往下看，误以为是一块光滑的石头，便将乌龟对准光头甩下来了。"

【思考】德谟克利特的逸事体现了他的什么哲学思想？

【参考答案】从上述逸事中可以看出，德谟克利特坚持唯物主义，反对有神论，主张从自然界中寻求事物运动变化的原因。

案例2：德谟克利特的自然哲学和伊壁鸠鲁的自然哲学的差别

德谟克利特把必然性看作现实性的反思形式。关于他，亚里士多德说过，他把一切都归结为必然性。第欧根尼·拉尔修说，一切事物所由以产生的那种原子旋涡就是德谟克利特的必然性。《论哲学家的见解》的作者关于这点说得更为详细："在德谟克利特看来，必然性是命运，是法，是天意，是世界的创造者。物质的抗击、运动和撞击就是这种必然性的实体。"

与此相反，伊壁鸠鲁说："被某些人当作万物主宰的必然性，并不存在，毋宁说有些事物是偶然的，另一些事物则取决于我们的任意性。必然性是不容劝说的，相反，偶然是不稳定的。所以，宁可听信关于神灵的神话，也比当物理学家所说的命运的奴隶要好些，因为神话还留下一点希望，即由于敬神将会得到神的保佑，而命运却是铁面无情的必然性。应该承认偶然，而不是像众人所认为的那样承认神。"

——节选自马克思的博士论文《德谟克利特的自然哲学和伊壁鸠鲁的自然哲学的差别》

【思考】根据所学知识，推测马克思更赞成哪位哲学家的观点。

【参考答案】德谟克利特只强调必然性而否认偶然性，伊壁鸠鲁既承认必然性也承认偶然性，即承认个体的能动性和自由意志，很显然伊壁鸠鲁对马克思更有启发。

第三节　智者运动

【学习目标】

了解智者派产生的背景及特点；理解高尔吉亚的三个哲学命题；掌握普罗塔哥拉的"人是万物的尺度"；正确认识智者派在西方哲学史中不可或缺的地位和作用。

【学习要点】

1. 智者运动的产生

智者运动的产生既受当时社会背景的影响，也有着深刻的理论渊源。一方面，雅典民主制成立以后，自由民可以参与政治讨论并担任领导职务。这时候令人信服的言说就成为必要的了，口才在当时非常重要。由此产生了专门教人说话、教人辩论的人，这些人被称为智者。另一方面，爱利亚学派开创了论辩风气，由芝诺、麦里梭开始强调论辩的形式，思想的形式甚至比思想的内容更为重要。这些因素都促进了智者运动的产生和发展。

2. 智者派

"智者"原意是"有智慧的人"。到了公元前5世纪后期，"智者"专指那些以传授公开辩论的才能为职业的教师和在公共事业中有所成就的人。这些人在哲学思想、政治态度方面存在着很大的分歧，严格来说并不是一个统一的哲学派别，但他们都擅长逻辑推理和语言技巧，能言善辩。智者派的声誉最初是好的，他们能训练人们清晰地表达自己的思想。但因为他们所固有的相对主义和怀疑主义，最终受到了人们的指责。再加上他们为教学索取费用，并刻意找那些付得起费用的有钱人来教，更是受到人们的批评。

3. 人是万物的尺度

普罗塔哥拉接受了赫拉克利特关于万物流变的思想，认为变动不居的感觉现象是真实的，并断言每个人的感觉都是可靠的，无所谓真假是非之分，由此他提出了著名的命题：人是万物的尺度，"是存在者存在的尺度，也是不存在者不存在的尺度"。他认为知识受到我们各种知觉的限制，这些知觉是因人而异的，因此知识对每个人而言都是相对的。普罗塔哥拉的这种相对主义是针对爱利亚学派的绝对存在。爱利亚学派用抽象的"神"或"存在"来否定现象世界。而在普罗塔哥拉看来，这种绝对的存在是无法证实的，每个人的主观感受才是事物存在的唯一尺度。"人是万物的尺度"明确表达出人是世界规律的判断者和社会规则的制定者，反映了人的主体意识的觉醒。

4. "无物存在"

高尔吉亚是芝诺的学生，他将芝诺的诡辩推到极致。芝诺致力于论证存在是不动的、是"一"，高尔吉亚则要解构、彻底颠覆爱利亚学派的存在。

针对爱利亚学派的"存在存在"，高尔吉亚提出"无物存在"。他通过归谬法来论证"无物存在"。假使有物存在，只有三种情况：A存在物存在，B存在物不存在，C存在物既存在又不存在。B和C在逻辑上都是自相矛盾的，所以都不成立。A存在物存在又可分为：A_1存在物是永恒的，A_2存在物是派生的，A_3存在物既是永恒的又是派生的。A_3本身自相矛盾；A_2也不成立，因为色诺芬尼和巴门尼德早已证明过存在是不生不灭的；这样只剩下A_1存在物是永恒的。存在物存在于什么地方呢？高尔吉亚认为：存在物要么是大于它存在的地方，要么是等于它存在的地方，要么是小于它存在的地方。它不能大于它所在的地方，因为这样它就没有地方可以存在了；它也不能等于它存在的地方，因为它不能既是存在物又是地方；它也不能小于它存在的地方，因为这样它就不是无限的了。综上所述，高尔吉亚得出结论："既然没有存在，也没有非存在，又没有既存在又非存在，而且没有别的选择可供思考，那么显然是无物存在。"

5. "即使有物存在，也无法认识"

针对爱利亚学派的"思维与存在是同一的"这一命题，高尔吉亚宣称"即使有物存在，也无法认识"。

从"无物存在"，高尔吉亚推出了"即使有物存在，也无法认识"。因为我已经穷尽了一切可能性，都没有可能思考任何东西的存在；反过来说明即使有物存在，也不是思维所能认识的。高尔吉亚不仅要批判爱利亚学派，可能也意识到了思维与存在之间的鸿沟。

【拓展】比较高尔吉亚的"即使有物存在，也无法认识"和巴门尼德的"作为思维和作为存在是一回事"。

高尔吉亚只看到了存在与思维之间的异质性，没有看到二者的同一性；巴门尼德则相反，只看到了二者的同一性，没有看到二者的差别。因而两人的思想都是片面的。

6."即使认识了，也无法告诉别人"

针对爱利亚学派的"存在与思维的同一能被表述"这一命题，高尔吉亚主张"即使认识了，也无法告诉别人"。

高尔吉亚认为："我们告诉别人时用的信号是语言，而语言并不是给予的东西和存在的东西；所以我们告诉别人的并不是存在的东西，而是语言，语言是异于给予的东西的。"所以他得出结论：即使认识了某物，也无法告诉别人。在他看来，语言不能表述、反映思维和存在。

高尔吉亚的三个命题涉及了存在—思维—语言的关系问题，这是西方哲学史上重大的理论问题，对后世产生了深远的影响。只不过高尔吉亚这三个命题关注的更多是思想的形式而非内容。

【强化训练】

一、判断题

1. 最早提出社会契约论的哲学家是高尔吉亚。（　　）

2. 普罗塔哥拉是第一个采用所谓"苏格拉底式的讨论方法"的人。（　　）

3. 高尔吉亚的怀疑主义力图证明一切客观对象都是假的。（　　）

4. 高尔吉亚哲学的目的是解构、彻底颠覆爱利亚学派的存在。（　　）

5. 智者派具有相对主义和怀疑主义倾向，因而他们的哲学是毫无价值的。（　　）

参考答案：

1. ×　2.√　3.√　4.√　5.×

二、多选题

1. 关于普罗塔哥拉，下列说法正确的有（　　　）

A. 第一个自称"智者"的人

B. 在希腊各城邦收费讲学

C. 曾两次到过雅典，与年轻的苏格拉底有过一次思想上的交锋

D. 是民主派政治家伯里克利的朋友

2. 关于智者派，下列说法正确的有（　　　）

A. 是一个统一的哲学派别

B. 擅长逻辑推理和语言技巧

C. 被苏格拉底批判为"批发或零售精神食粮的商人"

D. 其思想促进了逻辑的产生

3. 高尔吉亚的哲学思想包括（　　　）

A. 无物存在

B. 即使有物存在，也无法认识

C. 即使认识了，也无法告诉别人

D. 一切理论都有其对立的说法

4. 高尔吉亚的三个命题是针对爱利亚学派的（　　　）思想提出的。

A. 存在存在

B. 思维与存在的同一性

C. 存在、思维、语言的同一性

D. 思维与存在的差异性

5. 关于智者，下列说法正确的有（　　　）

A. 智者的教学活动具有功利性

B. 智者主要是向学生传授知识学理

C. 智者的教学目标是在政治和诉讼中取胜

D. 智者传授的主要是修辞学和论辩学

参考答案：

1. ABCD　2. BCD　3. ABC　4. ABC　5. ACD

三、简答题

1. 高尔吉亚是如何证明"无物存在"的？

2. 你如何看待智者派的思想？

四、论述题

论述普罗塔哥拉的"人是万物的尺度"。

五、材料分析题

"关于神，我既不能认识到他们是否存在，也不能认识到他们是什么样子的；因为阻碍我的认识的因素有很多：问题的晦涩，人生的短暂。"

请回答：上述材料体现了什么哲学观点？运用所学知识加以评述。

【拓展阅读】

案例1：普罗塔哥拉的故事

普罗塔哥拉，公元前5世纪希腊哲学家，智者派的主要代表人物。

传说普罗塔哥拉收了一名学生，叫欧提勒士。双方签订了这样一份合同：普罗塔哥拉向欧提勒士传授法律知识和辩论技巧，教他帮人打官司；欧提勒士入学时交一半学费，另一半学费则在他毕业以后第一次出庭打赢官司再付。欧提勒士毕业后，一直没有帮人打官司，于是普罗塔哥拉就总得不到那另一半学费。为了要那另一半学费，他向法庭提起诉讼。

在法庭上，原告普罗塔哥拉说："如果我打赢官司，那么按法庭判决，被告应该付给我另一半学费；如果被告打赢了官司，那么按我们的合同，被告也应该付给我另一半学费。因而，不论这场官司是赢还是输，被告都应该付给我另一半学费。"被告欧提勒士则针锋相对地回应道："如果我打赢官司，那么按法庭判决，我不应该付给原告另一半学费；如果原告打赢了官司，那么按我们的合同，我也不应该付给原告另一半学费。因而，不论这场官司是赢还是输，我都不应该付给原告另一半学费。"

【思考】上述案例体现了普罗塔哥拉的什么哲学思想？如何评价？

【参考答案】体现了普罗塔哥拉的"一切理论都有其对立的说法"，这是"人是万物的尺度"思想发展的必然结果。柏拉图批评"它总是一个令人奇怪的学说，既摧毁了其自身又摧毁了其他理论"。这种学说往往流于诡辩，但也包含有辩证法的因素，古希腊的辩证法正是一种诘难对方理论中蕴含着的矛盾的论辩方法。

案例2：智者派

智者派活跃在公元前5世纪至前4世纪的希腊，他们是职业教师、演说家。智者们适应社会民主政治活动的需要，在各种公共集会上，发表演说，回答人们提出的各种问题。他们广招门徒，收取高额学费，向年轻人传授文法、修辞、辩证法。智者派的教育活动对当时的民主政治生活起了很大的促进作用。但是由于他们思想中固有的感觉主义、相对主义和怀疑主义，逐渐受到人们的质疑，失去了吸引力。特别是到了后期，一部分智者蜕变为不授知识、以骗钱财为目的的江湖骗子。他们玩弄概念游戏、歪曲事实，因此被人们称为"诡辩派"，受到人们的鄙视，失去了它原有的作用。

苏格拉底认为智者是"批发或零售精神食粮的商人"。亚里士多德批评"智者的技术就是毫无实在内容的似是而非的智慧，智者就是靠一种似是而非的智慧赚钱的人"。

【思考】你同意苏格拉底和亚里士多德对智者的看法吗？

【参考答案】苏格拉底和亚里士多德对智者的看法有失偏颇，他们只看到了智者存在的问题，却没有看到智者在西方哲学发展中所起的作用。智者派的观点虽然如昙花一现，很快被别的哲学思想所代替，但是他们的论证方式促进了古希腊辩证法的最终确立，他们的思想对希腊晚期的怀疑主义学派产生了重要的影响。

第四节　苏格拉底哲学

【学习目标】

了解苏格拉底之死的历史意义；理解苏格拉底的神学目的论；掌握德性

即知识、认识你自己、精神助产术；领会苏格拉底对道德的追求，提升自身的道德水平。

【学习要点】

1. 认识你自己

"认识你自己"本是希腊德尔斐神庙门楣上的箴言，苏格拉底借此提出这一宣言，有早期自然哲学家和智者运动两方面的背景。在苏格拉底看来，自然哲学家关心自然而不关心人自身是错误的。因为自然界远远超出了人的智慧，是人无法认识的。因而哲学的真正对象不是自然而应该是人自己，哲学应该研究正义、美德、勇敢等与人生相关的问题。智者虽然关注人的问题，但是他们推崇个人的主观感觉，贬低理性和普遍性，并由此走向了怀疑主义和相对主义，因而不可能真正认识自己，更违背了哲学爱智慧求知识的初衷。所以苏格拉底把"认识你自己"作为其哲学的座右铭，使哲学从求智求胜转向求真求善，实现了西方哲学发展中的一次重大转折。

2. 同样是把哲学从天上拉到人间，苏格拉底的思想与智者派有什么区别

苏格拉底和智者派都主张哲学研究对象应该从自然界转向人自身。在智者派那里，"人"主要是指个人的主观感觉，而不同的人有不同的感觉，因此知识是因人而异的，没有客观的标准。苏格拉底则追问人之为人的普遍性，人之为人的本质，即人的伦理道德，也因此他被认为是道德哲学的创始人。

3. 神学目的论

苏格拉底早年深受自然哲学的影响，他对阿那克萨戈拉的"努斯"很感兴趣。但经过进一步的研究之后，他大失所望，因为阿那克萨戈拉没有说明"努斯"如何安排世界，即目的是什么。苏格拉底认为既然是安排，就应当有目的。苏格拉底开始关注人自身（包括身体和灵魂），通过对人的身体的研究，他发现了神的意志的体现。神把自然安排成一个以人为目的的系统，而人则以认识神为最终目的。

4. 德性即知识

对苏格拉底而言，认识人自己就是认识心灵的内在原则，即认识德性。

"德性"在希腊语中原指事物的特性、品格、特长、功能，也就是使一事物成为该事物的本性。而人的德性就是人之为人的本性，苏格拉底认为是"善"。在他看来，任何具体的行为都是相对的，都不是善的，只有关于善本身，即善的概念才是德性。

德性就是关于善的概念的知识，他由此得出"德性即知识""无知即罪恶""无人有意作恶"等结论。苏格拉底把德性与知识等同起来的观点，奠定了唯智主义伦理学（随着知识的增长，道德水平就会提高）的基础。

5. "德性即知识"是否成立

通常认为，德性与知识是有差异的，二者不能等同。如亚里士多德就认为："他把德性看作知识时，取消了灵魂的非理性部分，因而也取消了激情和性格"。同时，知识并不是德性的充分条件，有知识不意味着一定有德性，"因为知道公正的人不会马上变得公正，其他德性的情况亦同样"。但是也应该看到在特定的前提下，"德性即知识"是成立的。成立的前提有两个：其一，知行合一。苏格拉底做到了为人和为学的统一，他的行为和他的思想是一致的，也就是我们今天所追求的把知识内化于心、外化于行。其二，苏格拉底认为人性本善，不过善是潜在的，需要认识将它实现出来，我们对善的知识知道得越多，善的行为越能够实现出来。

6. 精神助产术

苏格拉底探讨问题是以一种对话的方式进行的，在对话中诘难对方，迫使对方发现自己的错误并逐步修正意见，最终达到真理。这种方法被称为"苏格拉底式的讨论方法"，也被称为"辩证法"。苏格拉底把自己的方法称为"精神助产术"。

精神助产术包括前后相继的四个环节：反讥、归纳、诱导和定义。

"反讥"是第一步，指通过反问揭露对方谈话中的矛盾或漏洞，打掉对方自以为是的傲气，迫使他承认对原以为十分熟悉的问题实际上一无所知。

"归纳"是引导方向的重要步骤。它通过对答问者具体而片面的意见的否定，一步步将其导向普遍的、确定的、真实的知识。

"诱导"是实质。它通过启发、比喻等方式，帮助对方说出原本就蕴藏在头脑中的思想，进而考察其真伪。

"定义"是所要达到的目的，即通过对所论问题的共性作出说明，获得确切的概念性认识。

【拓展】苏格拉底从个别通过对话上升到一般的方法具有重要的意义，亚里士多德把两项贡献归功于苏格拉底："归纳论证"和"普遍定义"。

【强化训练】

一、判断题

1. 苏格拉底认为一般定义是脱离个别事物而独立存在的实体。　（　　　）

2. 西塞罗认为苏格拉底是第一个把哲学从天上拉到人间的人。　（　　　）

3. 苏格拉底被认为是道德哲学的创始人。　（　　　）

4. 苏格拉底问答法的实质是归纳。　（　　　）

5. 马克思说："苏格拉底是哲学的化身。"　（　　　）

参考答案：

1. ×　2. √　3. √　4. ×　5. √

二、多选题

1. 苏格拉底称他一生总是听到神的灵异的声音，这个神是（　　　）

A. 有血有肉的　　　　　　　　B. 属灵的

C. 属人的　　　　　　　　　　D. 把灵魂赋予人

2. 关于苏格拉底，下列说法正确的有（　　　）

A. 早年研究过自然哲学

B. 把思想局限在道德领域

C. 主张哲学应该从自然转向人的内心

D. 代表了希腊哲学向唯心主义发展的方向

3. 苏格拉底认为德性是（　　　）

A. 具体的道德行为　　　　　　B. 关于善的概念的知识

C. 是人的本性　　　　　　　　D. 是潜在的

4. 苏格拉底认为，哲学家应该研究（　　　）

A. 正义　　　　　　　　　　　B. 勇敢

C. 美德　　　　　　　　　　　D. 治国的道理

5.苏格拉底之所以把哲学从天上拉到人间，是因为在他看来（　　　）

A. 自然界是神的智慧的对象

B. 自然界远远超出了人的智慧

C. 自然界是人无法认识的

D. 自然界不符合人内心的原则

参考答案：

1. BD　2. ABCD　3. BCD　4. ABCD　5. ABC

三、简答题

1. 简述"苏格拉底式的讨论方法"。

2. 简述苏格拉底的"认识你自己"。

四、论述题

如何理解苏格拉底的"德性即知识"？

五、材料分析题

"对哲学家来说，死是最后的自我实现。是求之不得的事，因为它打开了通向真正知识的门。灵魂从肉体的羁绊中解脱出来，终于实现了光明的天国的视觉境界。"

请回答：上述材料体现了什么哲学观点？运用所学知识加以分析。

【拓展阅读】

案例1：苏格拉底之死

公元前399年的一个正午，希腊雅典城内，烈日高挂天空，城里的所有人都显得格外紧张，因为这天正是雅典法官审判苏格拉底的日子。审判时间一到，对着苏格拉底，大法官严厉地吼道："苏格拉底，你可知罪？"此时的苏格拉底，已经年至71岁，两鬓皆白，但是他神情自若地答道："我无罪！"

……

苏格拉底说得振振有词，众人虽然听得不明不白，但是也从里边找不出丝毫的错误言论。大法官灵机一动，转移了话题，"那么你的政治观点该怎样解释，为什么不能将你的那些政治观点解释给大家听？"

苏格拉底听后自如地答道："在政治这一方面我更加不必隐讳。我倡导国家大权以及其他各个领域的管控都应该由有知识、有才干的人接手，那种以抽签方式而定的选举制度根本不能让人民幸福起来。请问，国家运行当中，民主选举却由着仗势欺人的人操控着，真正有能力的人反而得不到任用，难道这就是所谓的民主吗？"

苏格拉底的说辞让众人称赞不已。这时，米列托斯站起身来，他就是将苏格拉底告上法庭的那个人。米列托斯气愤地对着苏格拉底叫道："你怎么能反对我们大共和国的选举制度？这是我们国家长期实行的法令，你胆敢对其产生抗拒心理？单凭这一点，你就是有罪的。除此之外，你还有渎神罪，这个我还是有真凭实据的！"

米列托斯继续对峙苏格拉底："我的证据就是全国众所周知的阿里斯托芬所创作出来的作品《云》。在《云》这一部剧中，你表现得令人恶心。不仅你教会别人做坏事，还对宙斯极其不敬，完全的，你就是一个无赖，讲的那些看似堂皇的言论到底有什么用？《云》已经上映了有23年了，而在这过去的23年时间里，你仍旧没有受到应有的惩罚，一直到今天，你才被送进法庭，看来我们国家的人对你实在太仁慈了！"

米列托斯的一番指控，让苏格拉底彻底地醒悟了。原来，阿里斯托芬是苏格拉底的好友，他太过于留恋过去的"黄金时代"，因而非常痛恨当时活跃着的智者学派。所以，阿里斯托芬在欢喜剧作《云》中将苏格拉底当作成智者学派的化身而大肆攻击嘲弄苏格拉底。苏格拉底明白，阿里斯托芬并不是在有意谋害他，只是他没有想到这部剧竟然会被别有用心的小人当成指控他的罪证。说辞完毕后，米列托斯要求法官判处苏格拉底死刑。

苏格拉底在被关押的日子里，他的学生以及朋友们都在秘密地筹备着营救他的计划。数天之后，苏格拉底的亲信买通了关押苏格拉底的兵卒，将营救计划已然准备妥当，只等着苏格拉底动身出逃。但是，苏格拉底坚信自己并没有罪，无论别人怎样劝说他都不肯越狱逃走，最后他平静地饮鸩而死。

【思考】苏格拉底为什么被雅典民主制判处死刑？

【参考答案】苏格拉底被雅典民主政体判处死刑，罪状有两条：一是败坏青年，二是宣扬新神。苏格拉底为自己作了辩护，可惜他的辩护太出色了，民主派更要处死他了。可见，他的真正死因并不是法庭所宣布的那样，而是因为在治国理念上他与民主城邦制之间存在着不可调和的矛盾，他也因此得罪了雅典民主制的许多上层人物。

案例2：精神助产术

在《美诺篇》里，苏格拉底与学生美诺探讨了美德与善。

美诺：在我看来，苏格拉底啊，美德就在于像诗人说的那样，欣赏美的东西而且能够获得它。我把美德称为能够追求并且取得美的东西（美德乃是对荣耀之物的向往及获得荣耀之物的能力）。

苏格拉底：你是不是以为追求美的东西的就是追求好（善）的东西的？

美诺：当然是这样。

苏格拉底：是不是有些人追求坏（恶）的，另一些人追求好（善）的？我的好人儿啊，你不认为所有的人都追求善的吧？

美诺：我不这样看。

苏格拉底：你认为有些人追求恶的吗？

美诺：是的。

苏格拉底：你说，是不是有些人把坏的当成好的，有些人明知其为坏的却追求它？

美诺：我以为两样都有。

苏格拉底：那你相信有人知道坏的东西仍然追求它吗？美诺。

美诺：正是这样。

苏格拉底：你说追求它，是什么意思？是指它成为他的东西吗（想占有它）？

美诺：是的，还能是指别的意思吗？

苏格拉底：你是认为坏东西对占有它的人有利，还是认为它对占有它的人有害？

美诺：有的人认为坏东西是有益的，也有人认为坏东西是有害的。

苏格拉底：依你看，那些知道坏的东西坏的人认为坏的东西有益吗？

美诺：我不这么看。

苏格拉底：那就很明显，那些追求坏东西的人是不知其为坏东西的，他们是在追求自己以为好实际上却坏的东西。所以是那些不知道一件东西坏却以为它好的人，在追求那看来好的东西。不是吗？

美诺：看来是这样。

苏格拉底：怎么？那些人追求坏东西，并且像你说的那样认为坏东西对占有它的有害，是知道它会危害自己的？

美诺：必定知道。

苏格拉底：他们不想到受害者受了害，就是可怜的人。

美诺：也必定如此。

苏格拉底：不想到可怜的人是不幸的？

美诺：我以为是这样。

苏格拉底：有没有那样一个人愿意可怜和不幸？

美诺：我想没有，苏格拉底。

苏格拉底：可是，如果没人会向往不幸，那就没人会追求恶（坏的东西），美诺。因为除追求和具备恶之外，还有什么会导致不幸的呢？

美诺：看来你说得对，苏格拉底，没有人会向往恶（要坏的东西）。

……

【思考】苏格拉底的讨论方法对你有什么启发？

第五节　柏拉图哲学

【学习目标】

了解柏拉图的生平、著作；理解柏拉图的知识论；掌握柏拉图的理念论、理想国；正确认识柏拉图在西方哲学史中的重要地位；学习柏拉图身体力行、勇于追求真理的高尚品质。

【学习要点】

1. 柏拉图的著作

柏拉图著述颇丰。以他的名义流传下来的著作有40多篇对话，另有13封书信。其中28篇对话被确定为真品或可信程度很高的作品；现存的13封信中，可能只有4封为真品，主要有：《申辩篇》《普罗塔哥拉篇》《曼诺篇》《斐多篇》《会饮篇》《国家篇》《斐德罗篇》《巴门尼德篇》《智者篇》《蒂迈欧篇》及《法律篇》（未完成）等。柏拉图的早期著作主要记录其师苏格拉底的思想，中期著作借苏格拉底之口表述自己的思想，晚期著作针对中期的困境作补充和修改。

《曼诺篇》：主要讨论什么是德性及德性可否传授这两个问题。

《斐多篇》：它是苏格拉底临刑前在狱中所作的最后一次谈话，中心主题是论证灵魂不朽。

《国家篇》：为了实现公正，柏拉图设计了一个真善美相统一的政体。他认为，问题的关键在于让把握了善的哲学家成为国家之王，或国王成了哲学家。

《巴门尼德篇》：全书共分为两个部分。在前半部分，柏拉图以"巴门尼德"作为自己当时思想的代言人，批判了"少年苏格拉底"的"理念论"。在对话的后半部分，柏拉图提出了八组假言推论，从正反两个方面对理念之间的关系进行了初步探索。

《智者篇》：对理念间的相互联系进行论述，即通种论。

《蒂迈欧篇》：是柏拉图的自然哲学著作，描绘宇宙及人的生成。

《法律篇》：是柏拉图最晚的著作。在这部著作中，柏拉图放弃了《国家篇》中的财产公有、公妻等观点，提出了"第二好的国家"，即法治的国家。

2. 理念论的思想渊源

柏拉图的理念论有着丰富的思想渊源，他熟悉各家各派的哲学理论，包括毕达哥拉斯学派的"数"、赫拉克利特的"逻各斯"、克拉底鲁的"语言不能表述事物"、巴门尼德的"存在"和苏格拉底的"一般定义"。他主要继承和发展了从巴门尼德到苏格拉底的思路，尤其是将苏格拉底的思想从伦理学的领域扩展到了整个宇宙自然。"存在""一般定义"是关于普遍本质的，只能是理智的对象。柏拉图把这种理智的对象称为"理念"。他认为人们日常所处的现实世界是变化无常的、相对的，因而不是真实的，只有通过理性认识的东西，即众多事物都有的单一的理念，也就是一般概念才是永恒不变的、绝对的，因而是真实的。

3. 理念的多重含义

"理念"，英文是idea或eidos。这两个概念均出自动词idein（看），本义是指"看见的东西"（即形状），转义为灵魂所见的东西。柏拉图的理念是客观的，不是主观自生的。理念具有多重含义：理念是事物的共相，是对事物抽象而形成的本质；理念是事物存在的根据，个别事物因分有理念而存在；理念是事物摹仿的模型，事物因摹仿理念而成为自身；理念是事物追求的目的，个别事物趋向于它的理念。

4. 柏拉图的"理念"与苏格拉底的"定义"有什么区别

虽然柏拉图的"理念"是从苏格拉底的"定义"脱胎而来，但是二者又有明显的区别。其一，苏格拉底把寻求定义局限在道德生活的范围内，探讨的是关于美德、正义、善等的普遍本质；而柏拉图把理念扩大到世界的一切方面，认为各种自然物和人造物都有自己的理念。其二，苏格拉底没有把普遍本质（定义）和个别事物分离开来，普遍本质寓于个别事物之中，不能独立存在；而柏拉图将理念看作是一种客观精神，不仅独立于个别事物，还独立于人的头脑而存在。

5. 理念世界

柏拉图认为美有美的理念，桌子有桌子的理念，人有人的理念，世界上存在的一切东西，从最低级的活动到最高的太阳都有理念，各种理念就构成一个理念世界。这样，整个世界就被分成两个部分：一个是由具体事物组成的物质世界，是可见世界；另一个是由各种理念组成的理念世界，是可知世界。理念世界是第一性的、起决定作用的；物质世界是第二性的，是由理念世界派生的。理念世界由低到高分别是：自然事物的理念，如人、动物的理念；人造物的理念，如桌子、床的理念；数学理念，如1、2、圆形、大于等；范畴意义上的理念，如存在与非存在、运动与静止等；伦理道德和审美的理念，如勇敢、正义；"善"的理念，这是最高的理念。柏拉图认为理念世界是真实的存在，物质世界是虚假的存在。个别事物趋向于它们的理念原型，较低级的理念趋向较高级的理念，所有的事物和理念都趋向"善"的理念。

6. 分有说和摹仿说

为了说明理念世界如何派生物质世界，柏拉图提出了分有说和摹仿说。在他看来，理念是原型，具体事物是摹本。

分有说：具体事物之所以存在，是因为它们分有了同名的理念。如大的事物之所以大，是因为分有了"大"的理念。

摹仿说：造物主是根据理念来创造具体事物的，所以事物因摹仿理念而存在。如木工是根据桌子的理念制造桌子。

亚里士多德认为，柏拉图的"摹仿"源自毕达哥拉斯学派关于万物摹仿数的思想，只有"分有"是新的概念。不过，"分有"与"摹仿"实际上并无本质的差别，不同之处只在于有无造物主。"摹仿"是有造物主的"分有"，"分有"是无造物主的"摹仿"。

7. 对理念论的反思

柏拉图对理念论的反思，主要集中在《巴门尼德篇》前半部分。在这篇重要著作中，柏拉图以分有说为批判对象反思了自己早期和中期的一些基本论点。

第一，关于理念的普遍性问题。根据理念论，每类事物都应该有一个同名理念作为它存在的根据。但理念论又具有浓厚的价值含义，对于树、火、人等自然物是否存在理念的问题，柏拉图犹疑不决；对罪恶的事物是否有理念，他更是矢口否认。

第二，关于理念被分有问题。事物分有理念只能有两种方式，或是整体分有，或是部分分有。如果是整体分有，就意味着一个理念同时整个地存在于多个事物中，这就导致了理念与其自身的分裂，破坏了理念的单一性。如果是部分分有，就等于把同一理念肢解成很多部分，那就破坏了理念的完整性。不仅如此，在分有"大于""小于""等于"等理念时，还会出现非常荒谬的结论：分有"大于"的事物必须小于"大于"，分有"等于""小于"时也会出现类似情况。

第三，关于"第三者"的问题。万物摹仿理念，是说它们被造得类似理念。它们之间之所以类似，只能是由于分有了同一个理念（第三者）的结果。而事物、第一个理念和第二个理念之间的类似又是分有第三个理念……如此类推，就会引出新的理念而且直至无穷。

第四，关于"分离"的问题。如果分有说和摹仿说都不成立，理念世界和物质世界的联系就会割断：一方面我们无法认识理念，另一方面理念世界也不涉及我们的世界，实际上理念世界的存在也就失去了意义。

尽管柏拉图具有自我反思精神，认识到了理念论矛盾重重，但他并没有因此放弃理念论。在他看来，产生矛盾的根源不在于理念自身的分离，而在于对理念特性的认识，因此摆脱困境的出路在于加强思维训练，重新认识理念的特性及其关系。柏拉图把思考的重心从理念与事物之间的关系转移到理念与理念之间的关系上来，以摆脱理论上的困境。

8. 回忆说

柏拉图主张知识是对理念的认识，而不是对具体事物的认识。在人的灵魂如何获得理念知识这个问题上，他借鉴了毕达哥拉斯派和奥尔弗斯教的灵魂不死和灵魂转世说，提出了"回忆说"。他认为灵魂之所以能不通过感觉经验而认识理念，这是因为人的灵魂本身是永垂不朽的，在它进入肉体之前，同理念一起处于理念世界中，早已具有了对理念的认识，只不过当它投生到人体中，由于受人体玷污，而把它原有的理念知识忘记了。但以后，灵魂可借助个别事物作媒介或受它的刺激，将它已经忘记的理念知识回忆起来，所以认识的过程是一个"回忆"的过程，即认识包括学习就是回忆。

9. 关于知识的四阶段（线喻）

柏拉图为了说明知识的各个阶段，用一条线段来代表它们。将这一条线段分成两个不相等的部分，一部分相当于可见世界，另一部分相当于可知世界。然后按同一比例将两个部分再划分。可见世界的第一部分是影像，第二部分是影像的原本，即具体事物。可知世界的第一部分是数理理念，即几何、数学及相近学科的研究对象，第二部分是伦理理念，包括美、正义、勇敢等，最高的理念是"善"。与上述两大世界四个层次相适应，人的灵魂也有四种不同的功能，从低到高依次为想象、信念、推论和理智。其中，想象和信念都是意见，推论和理智则是知识。很显然，柏拉图重理念世界轻感性世界，重知识轻意见。

10. 理想国

柏拉图对雅典式的民主政治很反感，他参照埃及和斯巴达的模式设计了一套理想的政治制度，试图把自己的哲学观点和政治实践结合起来，从而建立一种"哲学王"的理想国度。

柏拉图政治学说的出发点是寻求正义。人的灵魂由理性、意志、欲望三部分构成，只有让理性统治意志，意志抑制欲望，才能成为一个正义的人。同样，国家也有三个阶层，即统治者、武士和生产者。只有当这三个阶层各自具备自己的德性，各司其职，即统治者依靠智慧理性地管理国家，武士勇敢地保卫国家，生产者节制欲望、努力劳动时，国家才能达到正义。在柏拉图看来，这三个阶层之间不是固化的，根据其本性和才能是可以相互流动的。

为了实现这个方案，柏拉图提出哲学和政治联姻，产生"哲学王"。显然，柏拉图的这一理想国家的方案由于不切实际是不可能实现的。于是他在晚年的《法律篇》中退而求其次，主张法治。

【强化训练】

一、填空题

1. 怀特海曾经说过："一部西方哲学史，不过是给（　　　）作注脚。"

2. 有位哲学家决心通过哲学改变统治者，以此改造国家。怀着这一政治抱负，他三下西西里岛，企图通过教育独裁者的途径建立新的政体。这位哲学家是（　　　）。

3. 柏拉图认为最高的理念是（　　　）的理念。

4. 柏拉图政治学说的出发点是寻求（　　　）。

5. 柏拉图认为，认识的过程是一个（　　　）的过程。

参考答案：

1. 柏拉图　2. 柏拉图　3. "善"　4. 正义　5. 回忆

二、多选题

1. 柏拉图的著作包括（　　　）

A.《申辩篇》 B.《普罗塔哥拉篇》

C.《美诺篇》 D.《尼克马可伦理学》

2. 柏拉图的知识包括（　　　）

A. 想象 B. 信念

C. 理智 D. 推论

3. 柏拉图认为理念是事物的（　　　）

A. 共相 B. 存在的根据

C. 摹仿的原型 D. 追求的目的

4. 柏拉图指出民主制有三个致命的缺点是（　　　）

A. 无节制的自由

B. 只服务于富人和强者的利益

C. 实行大多数人的统治原则

D. 必然导致僭主制

5. 柏拉图在《理想国》中，把国家的阶层分为（　　　）

A. 统治者 B. 保卫者

C. 商人 D. 生产者

参考答案：

1. ABC 2. CD 3. ABCD 4. ACD 5. ABD

三、简答题

1. 简述柏拉图的"理念"与苏格拉底的"定义"的区别。

2. 简述柏拉图的分有说和摹仿说。

3. 简述柏拉图的回忆说。

4. 如何理解柏拉图的洞穴之喻？

四、论述题

论述柏拉图对理念论的反思。

五、材料分析题

"从显而易见的美开始，继而为了最高的美而上升，就像在梯子的阶上一样，从一进到二，从二进到所有美的形体，从美的身体到美的制度，从美的制度到美的学问，最后从学问到那只研究美自身的科学，最终知道美的本质。"

请回答：上述材料体现了什么哲学观点？运用所学知识加以分析。

【拓展阅读】

案例1：柏拉图的"回忆说"

《斐德罗篇》："过去有个时候，所有跟从极乐队伍的人——哲学家跟着宙斯的队伍，其他人跟着其他神——都曾看到光辉灿烂的美自身，看到那极乐的景象，进入那可被谓之最高福分的，我们赞颂为处于尽善尽美状态的奥秘世界。那时我们尚未习染后来我们习染到的罪恶，被允许进入完美的、单纯的、静穆的、幸福的境界，在纯洁的光辉中凝视它们，而我们自己也同样纯洁，尚未葬身在这个我们须臾不分离的叫做身体的坟墓中，我们囚禁在它之中就像一个蚌束缚在它的壳中一样。"

《美诺篇》："灵魂是不朽的，并多次降生，见到过这个世界及下界存在的一切事物，所以具有万物的知识。毫不奇怪，它当然能回忆起以前所知道的关于德性及其他事物的一切。万物的本性是相近的，灵魂又已经知道了一切，也就没有理由认为我们不能通过回忆某一件事情——这个活动一般叫做学习——发现其他的一切，只要我们有勇气，并不倦地研究。由此可见，所有的研究，所有的学习不过是回忆而已。"

《斐德罗篇》："每个人的灵魂在本性上都曾观照过真实的存在……但并不是所有的灵魂都能轻易地回忆起它们……只有少数人借助昏暗的感觉器官，十分吃力地探索摹本，从中把握它们所摹仿的本性。"

【思考】如何评价柏拉图的"回忆说"？

【参考答案】柏拉图的"回忆说"不是对某个具体事物的回忆，而是对事物本身即"理念"的回忆。他虽然否认感觉经验是知识的来源，但并没有完全否定它的作用，他认为感觉经验是刺激人回忆起知识的媒介或机缘。回忆是一个不断上升的过程，需要调动灵魂的主体能动性。柏拉图的回忆说虽然包含着不少谬误，但也有值得肯定的方面。其一，在西方哲学史上，回忆说以粗糙的形式第一次提出了先验论的问题。其二，回忆说表达了认识主体的能动性原则。

案例2：洞穴之喻

在柏拉图的《理想国》中，他讲了一个意蕴丰富的故事。在一个洞穴里，居住着一群人，他们从小待在那里，被锁链固定住，不能转头，只能看洞壁的前方。在他们后上方有一堆火，有一条横贯洞穴的小道。沿小道筑有一堵矮墙，如同木偶戏的屏风。人们扛着各种器具走过墙后的小道，而火光则把透出墙的器具投影到囚徒面前的洞壁上。囚徒自然地认为影子是唯一真实的事物。如果他们中的一个碰巧挣脱束缚，转过头来看到了火光与物体，他最初会感到困惑，他的眼睛会感到痛苦，他甚至会认为影子比它们的原物更真实。如果有人进一步拉他走出洞穴，到阳光下的世界，他会更加炫目。起初他只能看事物在水中的倒影，然后才能看阳光中的事物，最后甚至能看太阳自身。到那时他才处于真正的解放状态，会开始怜悯他的囚徒同伴。如果他返回去拯救他的囚徒同伴，会发现很难说服他们跟他走出洞穴，会被他的同伴排斥甚至被当作异己。

【思考】柏拉图"洞穴之喻"的意图是什么？

【参考答案】柏拉图用"洞穴之喻"区分可感世界和理念世界。可感世界类似洞内阴影，人们以为是真实的，其实是虚幻的、是假象；理念世界类似洞外事物，它才是真实存在的，是人们应该追求的。"洞穴之喻"也试图表明人的灵魂是通过"转向"来认识事物本质的，即从洞壁转向洞口，从洞口的火光转向外面的事物，从水中的倒影转向天上的太阳，知识呈现为上升的过程。另外，柏拉图借解放囚徒失败的故事比喻其师苏格拉底的悲剧，说明哲学家的任务：要返回洞穴给蒙昧的人以知识启蒙，明知不可为也要为之。

第六节　亚里士多德哲学

【学习目标】

了解亚里士多德的生平、著作；理解亚里士多德的认识论与伦理学思想；掌握亚里士多德对柏拉图理念论的批判；熟练掌握亚里士多德的实体学说；学习亚里士多德"吾爱吾师，吾更爱真理"的理论追求，品味思考的乐趣。

【学习要点】

1. 亚里士多德的著作

亚里士多德的主要著作有《工具篇》《物理学》《论灵魂》《形而上学》《尼各马可伦理学》《政治学》等。其著作内容广泛，涉及逻辑学、自然学、生物学、天文学、心理学、哲学、伦理学、政治学、语言学和文学等学科，几乎覆盖了当时所有的知识领域。亚里士多德的这些著作主要是供讲课用的笔记和手稿，目的在于解决问题，并没有严密的统一体系。

2. 对柏拉图理念论的批判

"吾爱吾师，吾更爱真理"表明亚里士多德虽然对其师柏拉图充满了崇敬之情，但并不妨碍他对柏拉图的理念论进行批判。他的批判集中体现在《形而上学》第一卷第九章中。

第一，与个别事物相分离的理念是无用的设定。理念不过是和个别事物同名的类，设定理念并没有解释清楚个别事物与类概念的关系，反而把需要解释的对象扩大了。

第二，从物理学的角度说明理念是无用的设定。理念既不能引起事物的运动变化，也不能帮助人们更好地认识事物。

第三，论证理念存在的方式会导致"第三者"问题。为了解释两个概念的相似就得设定第三个概念并无限倒退。

第四，用"分有"和"摹仿"也无法解释理念与个别事物的联系。"分有"不过是"一种诗意的比喻",至于"摹仿",更是无稽之谈。

柏拉图从抽象的概念出发,主张一般、共相是先于个别事物、独立于个别事物而存在的,这是典型的客观唯心主义,亚里士多德的批判切中了柏拉图理念论的要害。需要注意亚里士多德不是否定理念的存在,而是否定理念能脱离具体事物而独立存在。

3. 第一哲学及存在论

在批判柏拉图理念论的基础上,亚里士多德建立了自己的形而上学体系。他认为哲学是一切科学的总汇。根据研究对象的不同,亚里士多德将科学分为三类:理论科学(数学、物理、第一哲学)、实践科学(伦理学、政治学)和艺术(诗学、修辞学)。第一哲学与第二哲学(即物理学或自然科学)的主要区别在于第二哲学研究特殊的存在物,而第一哲学研究存在本身。

亚里士多德认为存在有两类意义:"偶然的意义"和"本然的意义"。"偶然的意义"是事物的偶性,不是根本性的。"本然的意义"就是必然为存在所拥有的意义或存在方式,是事物必然的本质,即范畴。亚里士多德将哲学的任务确定为研究存在的本然的意义或存在方式上。他列举了十个范畴:"实体""数量""性质""关系""地点""时间""状态""动作""所有""承受"。在这十个范畴中,"实体"范畴最重要。

4. 实体学说

亚里士多德在不同的著作中对实体的理解是有差别的。在《范畴篇》中,他主张个别事物是第一实体。在《形而上学》第七、八、九卷里主张"是其所是"即"形式"是第一实体。在《形而上学》第十二卷认为神是最高实体。

在《范畴篇》中,他认为"实体,在最严格、最原始、最根本的意义上说,是既不述说一个主体,也不存在于一个主体之中,如'个别的人''个别的马'"。

"不述说一个主体"是指实体不能在一个陈述句里作为谓词来说明主词。"不依存于一个主体"是指实体必须具有独立自存的特点。亚里士多德把这些既不述说、也不依存于其他主体的个别事物称为"第一实体"。所谓第一实体就是指个别事物,如某一个人、某一匹马、这棵树、那座房子等。第一实体构成了支撑一切其他事物(种属或属性)的最后载体。

在第一实体之后，亚里士多德还提出了"第二实体"。所谓第二实体，即第一实体的"种"和"属"，也就是个别事物的共相。很显然，他的第二实体深受其师柏拉图理念论的影响。第二实体能述说一个主体，因此在程度上就不如第一实体，这就在逻辑上陷入了自相矛盾：一方面他主张实体没有程度上的区别，另一方面又认为第二实体在程度上不如第一实体。

亚里士多德认为第一实体是独立存在的个体，是具体存在的个别事物，它不依赖于别的存在，具有唯物主义倾向。但他同时又承认种和属（即共相）也是实体，也就是承认了共相、一般是独立存在的，这又倒向了唯心主义。实体学说体现了亚里士多德在唯物主义和唯心主义之间摇摆，说明他的哲学具有折中和调和的特点。

5. 四因说

亚里士多德非常重视研究事物的生成、变化和灭亡的原因，在总结前人思想（泰勒斯的"水"、赫拉克利特的"火"、阿那克西米尼的"气"等都是质料因，毕达哥拉斯学派的"数"、苏格拉底的"定义"、柏拉图的"理念"是形式因，恩培多克勒的"爱"与"恨"、阿那克萨戈拉的"努斯"是动力因，苏格拉底的"善"是目的因）的基础上提出了四因说，即质料因、形式因、动力因和目的因。

质料因，即构成事物的材料。"质料"，指"是所从出的东西"，即事物由之生成并继续存留于其中的东西。

形式因，即事物具有什么样的图式。"形式"是内在形式和外在形式的统一。内在形式是指事物的本质，外在形式是事物表现在外的形状，内在本质要通过外在形式表现出来。亚里士多德更重视内在形式。

动力因，即推动质料变为形式的力量，是让事物得以开始运动的那个初始的东西。

目的因，即事物形成的目的。

以建造一座房屋为例，砖瓦木料是房屋的质料因，设计蓝图是它的形式因，建筑者是它的动力因，而房屋的用途是它的目的因。

6. 形式质料说

当亚里士多德进一步探索四因关系时，他认为形式因、动力因、目的因往往是合而为一的，这样，四因说就变成了形式质料说。

形式和质料不可分割地结合在个体事物中。质料是基础。质料是构成事物的最基本的东西，是事物的底层，它不依赖于别的东西，而万物都依赖于它。形式是本质。只有质料不能构成事物，只有当质料和形式都具备时，事物才得以形成。如果没有形式将质料区别开来，世界上的事物将混为一谈。

质料和形式的区别是相对的，一个事物是形式还是质料，由它和其他事物的关系来确定。这说明形式和质料是相互联系、相互转化的。

7. 潜能与现实的理论

亚里士多德用潜能与现实的学说来说明万物的生成。他认为质料和形式的关系从运动变化的角度来看，是一种潜能与现实的关系。潜能对应的是质料，质料是没有任何性质的不确定的东西，还不是现实，只是一种潜在的可能。现实对应的是形式，质料只有和形式结合起来，形式给它一定的性质才能成为现实。这种潜在的东西变为现实东西的过程就是运动。亚里士多德认为从潜能到现实的运动最终要达到一个集中目的，即"隐德来希"。

8. 亚里士多德的认识论

在本体论上，亚里士多德在唯物主义与唯心主义之间来回摇摆，在认识论中同样如此，他在经验论与先验论之间游移不定。

亚里士多德一方面强调感觉的作用。他主张认识从感觉开始，感觉就是外物印在"蜡块"上的痕迹。认识的顺序是从感觉经过记忆、经验而上升到科学技术和哲学的认识。离开了感觉，人们没法认识事物。这种观点具有经验主义的倾向。另一方面，他又主张先验论。他认为感觉只能认识个别的东西，不能认识事物的本质。事物的本质、普遍的概念潜存在理性灵魂之中，需要通过感性经验的刺激才能被理性直观到。

9. 中道学说

亚里士多德主张德性的标准是"中道"，"中道"与"过度"和"不足"这两个极端是对立的。处于两个极端之间的"中道"，并不是一个绝对的平均数，要视具体情况而定。亚里士多德的"中道"类似于儒家的中庸思想，有一定的合理性。

亚里士多德的"中道学"说也表现在他的政治思想上。他既反对少数寡头的专制制度，也反对平民执政的民主政治，而是主张好的城邦应该由中产阶级当政，这样社会才能保持最大的繁荣与稳定。

【强化训练】

一、填空题

1. 亚里士多德的哲学代表作是（　　　）。

2. 举世公认的历史上第一位百科全书式的思想家是（　　　）。

3. "吾爱吾师，吾更爱真理"是（　　　）的名言。

4. 亚里士多德把（　　　）作为德性的标准。

5. 亚里士多德认为现实中最好的政体是（　　　）。

参考答案：

1.《形而上学》　2. 亚里士多德　3. 亚里士多德　4."中道"　5. 共和制

二、多选题

1. 亚里士多德的著作内容广泛，涉及（　　　）

A. 逻辑学　　　　　　　　　B. 哲学

C. 伦理学　　　　　　　　　D. 政治学

2. 亚里士多德的"范畴"包括（　　　）

A. 实体　　　　　　　　　　B. 数量

C. 关系　　　　　　　　　　D. 所有

3. 下列是亚里士多德思想的有（　　　）

A."蜡块"说　　　　　　　　B. 好的城邦由中产阶级当政

C."中道"　　　　　　　　　D. 认识从感觉开始

4. 亚里士多德认为事物的"形式"是（　　　）

A. 基础　　　　　　　　　　B. 本质

C. 能动的　　　　　　　　　D. 决定性的

5. 亚里士多德的主要著作有（　　　）

A.《工具篇》　　　　　　　　B.《物理学》

C.《尼各马可伦理学》　　　　D.《理想国》

参考答案：

1. ABCD　2. ABCD　3. ABCD　4. BCD　5. ABC

三、简答题

1.简述亚里士多德的第一实体与第二实体的关系。

2.简述亚里士多德的形式质料说。

3.简述亚里士多德的潜能与现实的理论。

四、论述题

论述亚里士多德的四因说。

五、材料分析题

"实体，在最严格、最原始、最根本的意义上说，是既不述说一个主体，也不存在于一个主体之中，如'个别的人'、'个别的马'"。

请回答：上述材料体现了什么哲学观点？运用所学知识加以分析。

【拓展阅读】

案例1：形而上学的由来

在亚里士多德去世后，他的侄子带着他的一些主要著作去了小亚细亚的塞普西斯，在那里把它们封存在一个地窖里。据说封存了两百年，之后被转移到罗马，交给了亚里士多德派哲学家、吕克昂学园最后的领袖——罗得岛的安德罗尼柯。

公元前1世纪时，安德罗尼柯开始整理亚里士多德的手稿。在整理完了关于自然哲学的手稿即《物理学》之后，着手整理亚里士多德关于第一哲学的手稿。据说当时他苦于找不到合适的名字，于是只好称之为"metaphysic"，即"物理学之后诸卷"。后来日本哲学家井上哲次郎根据中国古代《易经·系辞》中"形而上者谓之道，形而下者谓之器"，将"metaphysic"译名为"形而上学"。17世纪经院哲学家郭克兰纽提出本体论（又译作"存在论"），有时指形而上学本身，有时则指形而上学的核心部分。

黑格尔反对传统的形而上学拘泥于看不见摸不着的东西，主张形而上学必须与经验结合起来，通过不断的自我否定与经验世界融通。黑格尔之后，马克思赋予形而上学以新的含义。

【思考】马克思是如何理解形而上学的?

【参考答案】马克思批判地继承并发展了黑格尔的思想。在马克思那里,形而上学是指是一种用孤立、静止、片面的观点看问题的思维方式,它与辩证法相对。

案例2:亚里士多德生平

亚里士多德(Aristoteles,公元前384—前322年)是古希腊哲学的集大成者,举世公认的历史上第一位百科全书式的思想家。公元前384年,亚里士多德生于色雷斯地区,他的父亲是马其顿国王腓力二世的宫廷御医。亚里士多德17岁进入雅典学园,跟随柏拉图学习哲学整整20年。在柏拉图学园中,亚里士多德表现得很出色,柏拉图称他为"学园之灵"。但师徒二人在哲学观点上存在很大的分歧,亚里士多德发出了"吾爱吾师,吾更爱真理"的感叹。公元前343年,他开始担任太子亚历山大的老师。公元前335年,亚里士多德回到雅典创立了吕克昂学园。这个学派的老师和学生们习惯在花园中边散步边讨论问题,因而得名为"漫步学派"。公元前323年亚历山大死后,雅典掀起了反马其顿的狂潮,雅典人攻击亚里士多德,并判他为不敬神罪。亚里士多德逃出了雅典。第二年,他就去世了,终年63岁。

【思考】从亚里士多德的生平中,你发现了他身上有哪些品质?

【参考答案】从亚里士多德的生平中我们可以明显地发现两点:其一是他一生热爱真理、追求真理;其二是他非常务实,知其不可为而不为,这与苏格拉底、柏拉图的知其不可为而为之的理念不同,从中也能看出师徒三人思想上的分歧。

第七节 希腊化和罗马时期哲学

【学习目标】

了解希腊化和罗马哲学产生的背景；理解怀疑派和新柏拉图主义；掌握伊壁鸠鲁派、斯多亚派的哲学思想；能够运用马克思主义哲学分析希腊哲学晚期向伦理学的转变。

【学习要点】

1. 希腊化和罗马哲学产生的背景

亚历山大统一希腊之后，城邦不复存在。作为城邦的女儿，哲学失去了存在的根基。亚历山大死后，他建立的大帝国分裂成马其顿、埃及和塞琉古三个国家。后来这三个国家都被罗马所灭。罗马建立了一个统一的大帝国，并不断向外扩张。常年的战乱使得民不聊生、朝不保夕，如何在乱世之中安身立命就成为人们关注的首要问题。在这样的背景下，哲学家们由对形而上学的研究转向伦理学和人生哲学，关注自身的生活，即如何能获得个人的幸福。

2. 伊壁鸠鲁派

伊壁鸠鲁学派主张哲学的目的就是"寻求生活宁静之道"。他们认为引起心灵烦恼和恐惧的原因主要有三类：自然灾害引起的痛苦，对死亡的惧怕，人际矛盾与冲突。为了消除这些恐惧，使心灵获得宁静，伊壁鸠鲁学派提出了原子论的宇宙观、感觉主义的认识论以及快乐主义的伦理学。

（1）原子论的宇宙观

伊壁鸠鲁继承了德谟克利特的原子论思想，认为世间万物都是由原子构成，神也不例外。神就居住在原子世界的隙缝里，并不影响我们的生活。人世间的凶吉祸福只不过是原子的聚散离合，与神没有任何关系，根本不值得恐惧。

（2）感觉主义的认识论

伊壁鸠鲁倡导感觉主义，主张灵魂也是由原子构成的，构成灵魂的原子是非常精细的。灵魂的主要功能是感觉，感觉以身体为基础，身体一旦死亡，灵魂也随之消散，灵魂的感觉功能也就不复存在。所以，他认为死亡不足畏惧，因为我们活着的时候感觉不到死亡，而死了之后也就没有感觉了。

（3）快乐主义的伦理学

伊壁鸠鲁的快乐不是享乐或纵欲，而是指肉体上的淡泊和精神上的安宁。但是到了罗马帝国时期，伊壁鸠鲁主义就日益由一种恬淡寡欲的精神快乐哲学转化为一种肉体享乐主义。

伊壁鸠鲁认为要获得快乐，除了要消除对神灵、对死亡的恐惧和节制个人欲望，还要处理好人际关系，消除对他人的恐惧。为此，他主张通过社会契约建立起一种"自然的公正"，以防止人们之间相互伤害。

3. 斯多亚派

斯多亚学派是希腊化和罗马哲学中持续时间最长、流行最广泛的一个哲学派别。斯多亚派分为早期和晚期两个阶段。早期的斯多亚派以芝诺、克利安提斯、克吕西普为主要代表。他们主张"幸福即美德"，认为顺应自然（理性）、服从命运才是道德的生活，也才是幸福的生活，具有明显的悲观主义倾向。晚期的斯多亚派以罗马大臣塞涅卡、奴隶爱比克泰德、罗马皇帝马可·奥勒留为主要代表，他们的思想比早期的斯多亚派更加阴郁、更加悲观。

（1）早期的斯多亚派

早期的斯多亚学派的自然哲学。他们继承了赫拉克利特和亚里士多德的思想，提出了"普纽玛"。所谓"普纽玛"，就是理智、命运、神和宙斯，即赫拉克利特的"逻各斯"。世界就是由普纽玛创造的。世界最初只有火元素，火浓缩变成气，气又变成水，一部分水再浓缩变成地，另一部分水就留在地的表面上。火、水、气、土四大元素混合产生了植物、动物和其他自然物体。世界上到处都有普纽玛，人的理性和支配宇宙万物的理性——普纽玛是一致的。一个人遵照自己的理性行事，也就等于遵照世界的理性行事。

早期的斯多亚学派的伦理学思想。他们认为最高的善就是过合乎自然的生活，即我们每个人要按照自己的本性以及宇宙的本性去生活，服从自己的命运。合乎自然的生活就是有德性的生活，德性是唯一的善，其余的如健康、快乐、财富、美名等都不是善。

（2）晚期的斯多亚派

晚期的斯多亚学派主要则重于伦理思想。罗马大臣塞涅卡明确地提出"顺应自然，服从命运"的观点。他主张面对一切欲望和激情的骚扰要采取"不动心"的态度。

爱比克泰德思想的核心是忍让和克制，一切听从命运的安排。他把人生在世比喻为剧中的演员，剧作者选择你演什么（不管是演乞丐、跛子、统治者还是普通公民），你就得去演好他，至于选择则不是你的事。

马可·奥勒留比塞涅卡和爱比克泰德更加悲观，他认为人只是浩瀚宇宙中微不足道的一个生物，对于属人的事物都是短暂易逝的、没有价值的。

4. 怀疑派

与另外两派一样，怀疑派也追求心灵的宁静。他们认为导致心灵纷扰的根本原因在于人们在认识方面的独断论态度，即片面地执着于某一种立场或观点，从而使自己陷入无休无止的争辩中。

（1）早期的怀疑派

早期的怀疑派的主要代表是皮浪，他的口号是："不作任何决定，悬搁判断"。"悬搁"的意思是中止，既不肯定，也不否定。他认为事物的存在或不存在、美或丑、正当或不正当，都无法判断，因此必须放弃认识，放弃判断，"最高的善就是不作任何判断"。

（2）晚期的怀疑派

晚期的怀疑派代表人物有埃奈西德谟、阿格里帕、塞克斯都·恩披里克等，他们主要生活在罗马帝国时期，将早期的怀疑主义观点理论化、系统化。皮浪主义的追随者埃奈西德谟对怀疑主义的论证是比较全面的，他提出十条论证，阿格里帕则是通过五条论证来否定理性认识的可靠性。

5. 新柏拉图主义

新柏拉图主义盛行于罗马帝国后期，它以柏拉图哲学为思想基础，融合了来自东方的神秘主义和信仰主义，主要代表是普罗提诺。

普罗提诺对柏拉图的理念论进行了改造，他将理念等级变为三个本体（太一、理智、灵魂），将两个世界分为四个层次（太一、理智、灵魂、可感世界），以"流溢"说明世界的创造，通过灵魂的观照与宇宙本体融为一体。"太一"，即神，是至高无上的，是超越一切的绝对统一体，没有任何的规定性。一切存在皆以"太一"为源泉，神是最完满的，因充盈而流溢。"太一"首先流溢出"努斯"（即理智），努斯是太一的影子。努斯也像太一一样能够流溢，它流出的是"灵魂"，灵魂的流溢物就是可感世界。灵魂进入人的肉体后，受到肉体玷污而堕落。人的使命就是使自己和他人的灵魂，经由努斯回归太一，这个过程就是灵魂的回归。回归的主要途径就是哲学的静观。普罗提诺的哲学既包括太一向下流溢的过程，也包括灵魂向上回归的过程。他把人生的最高境界看作是灵魂从肉体中解脱出来，回到自身，达到人神合一。普罗提诺的神秘主义标志着希腊哲学理性主义的衰落，也为弃绝肉体、侧重灵魂自由的基督教神学提供了理论支持。

【强化训练】

一、填空题

1. "死对于我们无干，因为凡是消散了的都没有感觉，而凡无感觉的就是与我们无干的"是（　　）的思想。

2. 《沉思录》的作者是罗马的皇帝（　　）。

3. （　　）说："好好地运用在我们能力范围之内的东西，别的就听其自然吧。"

4. 早期的斯多亚派认为世界就是由（　　）创造的。

5. 希腊晚期哲学中流行最广泛、延续时间最长的哲学派别是（　　）。

参考答案：

1. 伊壁鸠鲁　2. 马可·奥勒留　3. 爱比克泰德　4. 普纽玛　5. 斯多亚学派

二、多选题

1. 下列属于希腊化和罗马时期的哲学派别的有（　　）

A. 伊壁鸠鲁学派　　　　　　　B. 斯多亚学派

C. 怀疑派　　　　　　　　　　D. 新柏拉图主义

2. 斯多亚学派的哲学家有（　　）

A. 克吕西普　　　　　　　　　B. 普罗提诺

C. 西塞罗   D. 塞涅卡

3. 怀疑派的思想包括（   ）

A. 不作任何决定   B. 独断论

C. 悬置判断   D. 事物是可知的

4. 伊壁鸠鲁给人们开出了医治心灵的"四药方"（   ）

A. 神不足惧   B. 死不足忧

C. 乐于行善   D. 安于忍恶

5. 对希腊化和罗马时期的哲学，说法正确的有（   ）

A. 主要研究伦理学和人生哲学   B. 主要研究形而上学

C. 关注如何能获得个人的幸福   D. 其哲学思想是希腊哲学的延续

参考答案：

1. ABCD   2. ACD   3. AC   4. ABCD   5. ACD

三、简答题

1. 简述伊壁鸠鲁的快乐主义的伦理学。

2. 简述普罗提诺的"太一"。

四、论述题

论述伊壁鸠鲁派的哲学思想。

五、材料分析题

"最高的善就是不作任何判断，随着这种态度而来的就是灵魂的安宁，就像影子随着形体一样。"

请回答：上述材料体现了什么哲学观点？运用所学知识加以分析。

【拓展阅读】

案例1：皮浪趣事

皮浪是古希腊怀疑派哲学家、早期怀疑主义的主要代表人物。据说有一次，皮浪坐船在海上航行，突然遇到大风暴雨，船在风暴中颠簸，随时都可能倾覆。船上的人惊慌失措，有的痛哭流涕，有的向神灵祈祷，只有皮浪斜倚着船舷若无其事地轻声哼着乐曲。一个老者问他为什么如此镇定无畏，皮浪含笑指着船舱里一头正在安静吃食物的猪说：“你看，它是多么的平静，它何尝有半点恐惧？”

老者不解地说道：“它可是畜生啊！”皮浪仍然微笑着说：“是啊！它是畜生。可是，此时此刻它的表现不是比我们所谓的人还要冷静得多吗？聪明的人起码应该做到像它这样临危不惧，面对风浪毫不动心才对啊！”

【思考】如何理解皮浪的“不动心”？

【参考答案】皮浪的“不动心”不是完全消极、无所作为的状态，而是一种随遇而安的态度，这与他在认识论上不作判断是一致的。

案例2：晚期的斯多亚派

塞涅卡是罗马的大臣，他宣称：“愿意的人，被命运领着走；不愿意的人，被命运拖着走”。但他本人对自己宣扬的思想并不实行，他聚敛钱财成为罗马首富，最后却被他的学生暴君尼禄赐死。据说，在自尽时，他对悲痛欲绝的家属说：“你们不必难过，我给你们留下了比地上的财富更有价值得多的东西，我留下了一个有德性的生活的典范。”实际上他的言行是完全不一致的。

爱比克泰德原是一个瘸腿的奴隶，后来他获得自由，他的主人把他送到斯多亚学派那里学习。爱比克泰德思想的核心是忍让和克制。他认为：“好好地运用在我们能力范围之内的东西，别的就听其自然吧。”

马可·奥勒留是罗马的皇帝。在他执政时期，罗马的自然灾害频繁，战乱连年不断，他多次率军远征平定叛乱。他在军营和远征途中撰写了《沉思录》。他比塞涅卡和爱比克泰德更加悲观。他在《沉思录》中写道：“在人的生活中，时间是瞬息即逝的一个点，实体处在流动之中，知觉是迟钝的，整个身体的结构容易分解，灵魂是一涡流，命运之谜不可解，名声并非根据名声的判断。一言以蔽之，属于身体的一切只是一道激流，属于灵魂的只是一场梦幻，生命是一场战争，一个过客的旅居，身后的名声迅速落入忘川。”

【思考】晚期的斯多亚派的观点对基督教的产生有什么影响？

【参考答案】晚期的斯多亚学派对现世生活愈加悲观失望，这与基督教把希望寄托于天国的思想不谋而合。而且，晚期的斯多亚派宣扬服从命运、忍受苦难的思想与基督教的教义也相契合。因此，晚期的斯多亚派的哲学成为基督教神学的思想来源之一。

第二章

中世纪哲学

第一节 教父哲学

【学习目标】

了解基督教哲学的产生过程、护教士的哲学观；理解教父哲学的含义；掌握奥古斯丁的主要思想；正确认识宗教，树立科学信仰，反对宗教盲从主义。

【学习要点】

1. 基督教哲学的产生

基督教诞生于公元1世纪上半叶，创始人是耶稣。最初，基督教是穷苦人的宗教，教徒主要是社会地位低下的奴隶和下层民众。到了公元2世纪—3世纪期间，一些精神空虚的上层人物也企图到基督教中寻找慰藉。公元313年，君士坦丁大帝颁布"米兰敕令"，宣布基督教为国教，确立了基督教的合法地位，基督教成了罗马帝国的支柱。以军事立国的罗马人在思想文化上没有什么建树，主要是继承了希腊哲学，基督教为了劝说罗马人皈依，需要从哲学上与罗马人对话；同时作为世界性的大宗教，特别是在与其他宗教的竞争中，基督教也需要利用希腊哲学来论证神学教义，这就造就了基督教哲学这种独特的理论形态。

2. 基督教哲学的分期

基督教哲学大体上可分为两个阶段：教父哲学和经院哲学，大致上以公元11世纪为界。早期教父哲学强调超理性甚至反理性的神秘信仰，主要利用柏拉图哲学和新柏拉图主义为基督教作了论证。晚期经院哲学讲究烦琐的概念辨析和逻辑论证，主要是利用亚里士多德主义论证基督教教义。14世纪以后，经院哲学衰落。理性与信仰之间的关系是教父哲学乃至经院哲学的核心问题。

3. 教父哲学

从公元2世纪到公元6世纪，教会中一些具有一定哲学素养的信徒，借用希腊哲学尤其是新柏拉图主义和斯多亚派的哲学，在理论上论证和捍卫基督教信仰，从而使基督教第一次有了相对统一的教义。因为他们对教会的贡献，人们尊称他们为"教父"。教父们制定的教义、理论被称为教父学或教父哲学。根据教父们活动的区域和使用的语言不同，后人把他们划分为"希腊教父"和"拉丁教父"。希腊教父一般比较熟悉希腊哲学，他们利用希腊文献论证基督教，其立场是理性辩护主义；拉丁教父则对希腊哲学持否定态度，是非理性的信仰主义。

4. 护教士的哲学观

早期教父的主要任务是护教，力图说明基督教是高于一切希腊哲学的真正哲学。著名的希腊护教士查士丁第一个提出了"基督教哲学"的概念，他认为希腊的一切哲学都最终指向基督教哲学。相比查士丁，拉丁护教士们的观点更加偏激，他们对希腊哲学采取完全敌视的态度，认为基督教与希腊哲学势不两立。著名的拉丁教父德尔图良提出：基督教是上帝的福音，而哲学则是"人与魔鬼的学说"。

5. 奥古斯丁的神正论

奥古斯丁非常关注恶的来源问题。早年他信奉善恶二元论的摩尼教，对恶之来源的解释不成问题。但是当他皈依基督教之后，恶之来源就成为他必须面对的问题了。如果上帝是全知全能全善的，那么恶从何而来？世间有恶，假如上帝对恶无知，那么他就不是全知的；假如上帝知道恶，但没有能力阻止它，那么他就不是全能的；假如上帝知道恶，也能阻止它却不阻止，那么他就不是全善的。根据这个推导，恶的存在与上帝的全知全能全善是相矛盾的。当时因为无法反驳这个问题，有的人为此放弃了基督教信仰。

奥古斯丁早年用意志自由说来解释恶之来源问题。上帝作为至善，是一切善的根源，善是本质和实体，因而上帝创造出来的世界是无恶的。上帝出于对人类的厚爱，给予人自由意志，允许人选择自己的生活。恶的行为是人的选择直接导致的，是人滥用了上帝赋予人的自由意志，自愿地背离了善之本体（上帝）。

奥古斯丁晚年转向决定论。因为人类的祖先犯过罪，所以他的后代都带有"原罪"。"原罪"是人自身无法克服的，只有靠上帝的"恩典"人类才能得到拯救。

6. 奥古斯丁的"光照说"

在认识论上，奥古斯丁提出了"光照说"。他继承了柏拉图的"回忆说"，认为灵魂本身是由上帝创造的，因而灵魂中已经潜在地包含着真理的成分。与柏拉图不同的是，奥古斯丁认为理性对真理的认识不能通过感觉经验的刺激，而是依靠上帝的光照。按照"光照说"，只有在虔诚的信仰中，灵魂才能摆脱肉体的束缚而获得神圣的真理。

7. 奥古斯丁的历史神学

公元410年，西哥特人洗劫了罗马，一些异教徒认为这是罗马人背叛多神教而改信基督教所遭受的天谴。为了回答这种责难，坚定基督教的信仰，奥古斯丁写作了《上帝之城》这部著作，对历史做了神学解释，区分了上帝之城和世俗之城。世俗之城由"按照肉体生活的人组成"，上帝之城由"按照灵性生活的人组成"。前者重视世俗生活，沉溺于感官的享乐，在现世生活中表现为异教徒的生活态度；后者关注精神世界，主张过一种灵性的生活，在现世中教会是它的代表。这种对峙在历史中表现为以罗马为象征的异教文化与以耶路撒冷为象征的基督教文化之间的对立。

这两座城反映了对待同一个现实世界的两种不同的生活态度，具体到个体身上就是肉体与灵魂的对立。上帝之城是爱上帝胜于爱自己，爱精神胜于爱肉体，世俗之城则恰恰相反。显然，奥古斯丁把灵与肉截然对立起来。

8.奥古斯丁关于上帝存在的证明

奥古斯丁是理性辩护主义者，也是最早运用理性来证明上帝存在的人之一，他提出了上帝存在的三种论证方法。其一是通过宇宙的秩序。宇宙井然有序，一定有一个设计者，即上帝。其二是通过万物的等级。宇宙万物有一个从低级到高级、从不完善到完善的发展过程，最高级、最完善的存在只能是上帝。其三是通过人心的内省和思辨。我们的心中都有上帝的观念，心灵中的上帝观念一定是外在于我们的事物事先放在我们心中的。谁能把上帝观念放在我们心中呢？只能是上帝。当然，不管最后能不能证明上帝的存在，作为一名虔诚的基督徒，奥古斯丁都不会否认上帝的存在。

【强化训练】

一、填空题

1.（　　）认为，基督教是上帝的福音，而哲学则是"人与魔鬼的学说"。

2.（　　）被称为基督教的"圣人"。

3.（　　）第一个提出了"基督教哲学"的概念。

4.（　　）在认识论上提出了"光照说"。

5.（　　）颁布"米兰敕令"，宣布基督教为国教，确立了基督教的合法地位。

参考答案：

1.德尔图良　2.奥古斯丁　3.查士丁　4.奥古斯丁　5.君士坦丁大帝

二、多选题

1.奥古斯丁的著作有（　　　）

A.《忏悔录》　　　　　　　　B.《上帝之城》

C.《论三位一体》　　　　　　D.《论自由意志》

2.奥古斯丁运用理性来证明上帝存在的方法有（　　　）

A.通过宇宙的秩序　　　　　　B.通过万物的等级

C.通过人心的内省和思辨　　　D.通过个人的情感

3. "三位一体"中的"三位"是指（　　　）

A. 圣母　　　　　　　　　　B. 圣父

C. 圣子　　　　　　　　　　D. 圣灵

4. 德尔图良认为（　　　）

A. 哲学是"人和魔鬼的学说"

B. "哲学的素材是现世的智慧，是对自然和上帝旨意的草率解释"

C. "异端是哲学教唆出来的"

D. 哲学在一定程度上认识了上帝

5. 基督教的基本教义有（　　　）

A. 天启说　　　　　　　　　　B. 天国报应说

C. 原罪说　　　　　　　　　　D. 创世说

参考答案：

1. ABCD　　2. ABC　　3. BCD　　4. ABC　　5. ABCD

三、简答题

1. 简述奥古斯丁的上帝之城与世俗之城。

2. 简述教父哲学的含义。

四、论述题

论述奥古斯丁的神正论。

五、材料分析题

"上帝之子死了，这是完全可信的，因为这是荒谬。他被埋葬又复活了，这一事实是确定的，因为它是不可能的。"

上述材料体现了什么思想？试运用所学知识加以分析。

【拓展阅读】

案例1："花园里的奇迹"

有一位青年，曾经长时间沉湎于情欲的生活，但他又向往信仰，在信仰与欲望之间挣扎，经常处于悲痛自责中。

公元386年的一天，他在米兰的住所花园里，再一次为自己不能摆脱罪恶的生活而自责，伏在一棵无花果树下痛哭流涕。他责问自己："还要多少时候？还要多少时候？明天吗？又是明天！为何不是现在？为何不是此时此刻结束我的罪恶？"

正当他悲痛不已的时候，耳边突然响起清脆的童声，反复唱着："拿起来，读吧！拿起来，读吧！"他感觉这是上帝的命令，立刻站起来，回到花园的桌子旁，翻开手边的《圣经》，恰是圣保罗的教诲：

"不可荒宴醉酒，不可好色邪荡，不可争竞嫉妒，总要披戴主耶稣基督，不要为肉体安排，去放纵私欲。"

他感到这段话击中要害，"顿觉有一道恬静的光射到心中，驱散了阴霾笼罩的疑云"。

几天后，他辞去待遇优厚的教职，离开他的未婚妻，下定决心跟随上帝。公元387年的复活节，他接受了米兰主教安布罗斯的洗礼，成为一名基督徒，一生致力于传播他的信仰。

【思考】你知道这位青年是谁吗？他的主要贡献是什么？

【参考答案】这位青年就是被称为基督教"圣人"的奥古斯丁，他是浪子回头的典型代表，是教父哲学最杰出的代表，也是基督教神学的重要奠基者。他在其著作《忏悔录》中记录了自己思想的转变。他利用柏拉图主义论证基督教教义，使哲学直接为基督教服务，从而为以后经院哲学的产生做了准备。

案例2：奥古斯丁的上帝创世说

在《忏悔录》中，奥古斯丁写道："你创造天地，不是在天上，也不在地上，不在空中，也不在水中，因为这些都在六合之中；你也不在宇宙之中创造宇宙，因为在造成宇宙之前，还没有创造宇宙的场所。你也不是手中拿着什么工具来创造天地，因为这种不由你创造而你借以创造其他的工具又从哪里得来的呢？哪一样存在的东西，不是凭借你的实在而存在？因此你一言而万物资始，你是用你的'道'——言语——创造万有。"

【思考】奥古斯丁的上帝创世与柏拉图的上帝创世有什么区别？

【参考答案】柏拉图的上帝创世需要原料，而奥古斯丁的上帝创世是"无中生有"，即上帝创世既不需要材料，也不需要工具，甚至连时间和空间也不存在，他仅凭语言就足以产生出整个世界。

第二节　经院哲学

【学习目标】

了解经院哲学的产生；理解经院哲学的含义与特征；掌握上帝存在的本体论证明和宇宙论证明；学会用历史唯物主义的观点分析经院哲学，正确认识经院哲学在特殊条件下所具有的历史意义。

【学习要点】

1. 经院哲学的产生

公元476年，西罗马帝国灭亡，西欧进入了"黑暗时代"。蛮族的入侵使得西欧在经济、政治、文化等方面都处于倒退状态，这种状况一直持续了300多年。公元800年，查理曼大帝意识到文化建设的重要性，开始兴办学校、鼓励教育，从而推动了西欧文化的复苏。教会在当时扮演着文化延续者的角色，学校大都是在教堂附近或者修道院举办，教师也大多由教士充当。正是在这样的背景下，逐渐发展出经院哲学。经院哲学产生于11世纪，13世纪达到极盛时期，14世纪趋于瓦解。

2. 经院哲学的含义

"经院哲学"一词源自拉丁文Scholasticus，是在教会或修道院办的学校里发展起来的基督教哲学。在中世纪这些学校是研究神学和哲学的中心，学校的教师和学者被称为经院学者（即经师），他们的哲学被称为"经院哲学"。

【拓展】经院学者对希腊哲学的传承和发扬虽然经过了神学的过滤，甚至可能滤掉了很多有价值的思想，但是他们毕竟承担起传承希腊哲学、希腊文化的时代重任，对希腊哲学的保留和传播起了非常重要的作用。

3. 经院哲学的特征

从研究对象上看，经院哲学对自然问题和现实问题不感兴趣，主要任务是论证上帝的存在，维护圣经和教会制定的教义。在论证原则上，经院哲学以教条、教义为根据，排斥科学知识。在论证方法上，经院哲学主要运用亚里士多德的演绎推理三段论，论证胜负由印证的多寡来决定，不关注论证的内容是否真实。

4. 经院哲学作为一种新的哲学形态，与教父哲学相比有什么不同

经院哲学和教父哲学都是为基督教信仰服务的，但是教父哲学奠基于柏拉图主义之上，它贬低理性或否定理性，基本上属于旧文明。与教父哲学不同，经院哲学的基础是亚里士多德主义，它是真正属于日耳曼民族的哲学形态。在对待信仰与理性的关系上，经院哲学家们不再简单地用信仰来贬抑理性，而是致力于用理性来论证信仰。此外，经院哲学除神学之外，开始研究一些哲学问题，特别是关于"共相"问题的争论，已经具有了一些纯哲学的味道。

5. 安瑟伦关于上帝存在的本体论证明

安瑟伦（安瑟尔谟）是"最后的一个教父和最初的一个经院哲学家"，其哲学就是用理性来论证信仰。他通过三段论来论证上帝存在。大前提：人们观念中最完善的观念本身就包含着存在，因为如果不存在，它就不完善；小前提：人们观念中上帝的观念是最完善的；结论：因此上帝是存在的。安瑟伦论证的实质是从上帝的观念推出上帝的存在，因而被称为上帝存在的本体论证明。

6. 托马斯·阿奎那关于哲学与神学的区分

同早期教父哲学一样，托马斯·阿奎那坚持神学是至高无上的，哲学是神学的奴婢，哲学要为神学服务。但是他承认哲学也是获得真理的途径。托马斯·阿奎那认为人们获得真理有两种途径：天启（信仰）和理性。通过理性可以把握某些教义，如上帝存在、灵魂不死等。但有些教义是理性不能把握的，如三位一体、道成肉身、死而复活等，要把握它们只能靠信仰。

托马斯·阿奎那虽然坚持神学至上，但是他调和理性与信仰，承认哲学

研究的必要性，为哲学的独立、理性的发展开辟了道路。

7. 托马斯·阿奎那关于上帝存在的宇宙论证明

在托马斯·阿奎那看来，安瑟伦关于上帝存在的本体论证明即从上帝的观念直接推出上帝存在，这种做法实在令人难以信服，因为对于无神论者来说，头脑里根本没有上帝的观念，因此它不能作为论证的前提。与安瑟伦不同，托马斯·阿奎那提出通过上帝的创造物即宇宙的存在间接证明上帝存在，即"后天证明"，又叫"上帝存在的宇宙论证明"。

托马斯·阿奎那在《神学大全》中提出了五个论证。第一，依据事物的运动。任何事物的运动都是由在它之前的另一个运动引起的，而另一个运动也是由其他运动引起，以此类推，最后必然追溯到一个不受其他事物推动的第一推动者。这个第一推动者就是上帝。第二，依据事物的因果关系。每一事物既是一个在先事物的结果，又是一个在后事物的原因，沿着因果序列追溯，必然有一个最初的原因作为因果序列的第一因。这个第一因就是上帝。第三，依据事物的存在。任何事物都是从其他事物获得其存在和必然性，由此推论下去，必定有一种东西，它自身就是必然的，同时又能赋予其他事物以必然性和存在的理由。这个必然的存在者就是上帝。第四，依据事物完善性的等级。事物都在不同程度上具有良好、真实、高贵等品性，其标准就在于它们与最好、最真实、最高贵的东西接近的程度，作为标准存在的最完满的东西就是上帝。第五，依据目的性。世界上的一切事物都是和谐的，有秩序的，仿佛是有目的的安排。之所以如此，是由于受到某一个有智慧的存在者的指挥，这个目的的安排者就是上帝。显然，上帝存在的宇宙论证明主要利用了亚里士多德的第一推动者、第一因、宇宙的终极目的等观点。

托马斯·阿奎那虽然用理性来证明信仰，但在理性与信仰、哲学与神学的关系上，他还是坚持信仰高于理性，神学高于哲学。不管理性能不能证明上帝存在，上帝都是存在的。

8. 托马斯·阿奎那的灵魂不朽论

托马斯·阿奎那提出了灵魂不朽的神学观点。他从亚里士多德的形式和质料的观点出发，认为"人也是形式和质料的构成物"，即人是由肉体（质料）和灵魂（形式）构成的。在灵魂和肉体的统一体中，灵魂一直占据着支配地位，这主要表现在两个方面：一是灵魂使肉体赋有形式，二是灵魂控制和推动肉体。灵魂不仅具有精神性且具有实体性，它不能被另外的东西所破坏，也不能由自身而消灭，即灵魂是不朽的。

【强化训练】

一、填空题

1.（   ）被称为"最后的一个教父和最初的一个经院哲学家"。

2.经院哲学的基础是（   ）。

3.（   ）被称为基督教的"圣哲"。

4.经院哲学的最高代表是（   ）。

5.（   ）首次提出"哲学是神学的奴婢"。

参考答案：

1.安瑟伦　2.亚里士多德主义　3.托马斯·阿奎那　4.托马斯·阿奎那

5.托马斯·阿奎那

二、多选题

1.关于托马斯·阿奎那的思想，下列说法正确的有（   ）

A.利用柏拉图哲学论证基督教

B.利用亚里士多德哲学论证基督教

C.主张"哲学是神学的奴婢"

D.认为理性和信仰是同一个真理，殊途同归

2.托马斯·阿奎那认为人们获得真理的两种途径是（   ）

A.感觉　　　　　　　　　　B.想象

C.理性　　　　　　　　　　D.信仰

3.关于经院哲学，下列说法正确的有（   ）

A.以教条、教义为根据

B.产生于11世纪

C.盲目崇拜权威

D.代表着一种理性神学的方向

4. 托马斯·阿奎那认为人的共同幸福的四等之善有（　　　）

A. 物理之善 B. 伦理之善

C. 时宜之善 D. 终极之善

5. 中世纪的三个基本要素是（　　　）

A. 罗马帝国 B. 基督教

C. 希腊 D. 日耳曼人

参考答案：

1. BCD　2. CD　3. ABCD　4. ABCD　5. ABD

三、简答题

1. 简述经院哲学的含义。

2. 简述安瑟伦关于上帝存在的本体论证明。

四、论述题

论述托马斯·阿奎那关于上帝存在的宇宙论证明。

五、材料分析题

"神学可能凭借哲学来发挥，但不是非要它不可，而是借它来把自己的义理讲得更清楚。因为神学的原理不是从其他科学来的，而是凭启示直接从上帝来的。所以，它不是把其他科学作为它的上级长官而依赖，而是把它们看成是它的下级和奴仆来使用。"

上述材料体现了什么哲学思想？试运用所学知识加以分析。

【拓展阅读】

案例1：基督教的"圣哲"——托马斯·阿奎那

托马斯·阿奎那的父亲杜尔夫·阿奎那在意大利享有盛名。一是因为他出身高贵，阿奎那家族是全意大利最有名望的世家之一，是王族的分支；二是因为他自己是一位出色的军人。让他自豪的是他有七个儿子，其中六个同他一样成了军人。但第七个儿子与兄长们不一样，不愿做将军而愿意做一名苦行僧。

这第七个儿子就是托马斯·阿奎那，他出生于1225年，5岁的时候被父亲送进了学堂，这是一所修道院，在当时很有名气。托马斯在那里一待差不多就是十年，直到修道院被关门为止。之后父亲将他送到那不勒斯读大学，当时他只有14岁。在那不勒斯他学了自然科学、修辞学和神学等课程。四年之后托马斯回到家里。这时他已经18岁了，父亲希望他去参军，却遭到了他的强烈反对，他想到巴黎去，跟从当时最伟大的基督教哲学家阿尔贝特学习。为了阻止托马斯，他的父母对他实行关禁闭、美色诱惑等。但托马斯对这一切不为所动，最后，在妹妹的帮助下，他逃离了家乡，来到了他梦寐以求的巴黎大学。遗憾的是，他在巴黎没有见到阿尔贝特教授。原来教授到科隆讲学去了，托马斯又飞奔到科隆，终于挤进了阿尔贝特的课堂。

阿尔贝特是何许人，值得托马斯如此敬仰？阿尔贝特是当时最有名的基督教哲学家，他学识渊博，博览群书，特别是对古希腊经典有独到研究。除思想精深之外，他还有一个长处——口才出众，讲起课来行云流水，吸引了大量的青年。

托马斯到了阿尔贝特的身边后，并没有立即缠住大师，而是每天默默地坐在课堂里听课。由于他沉默寡言，而且身体强壮得像公牛，同学们送他一个绰号——"哑牛"。有一天，一个偶然的机会，阿尔贝特注意到了他，他们谈了很久。第二天在课堂上，阿尔贝特对学生们说：你们说这位托马斯·阿奎那同学是哑牛，但有一天他的声音将让全世界侧耳倾听。之后，托马斯与阿尔贝特成了忘年交。几年之后，在阿尔贝特的推荐下，托马斯成了他的助教。1256年，31岁的托马斯博士毕业，成了远近闻名的辩论大师。33岁他被任命为巴黎大学的神学教授。从此以后，托马斯青云直上，吸引了大批的信徒。1274年，托马斯应教皇之命到法国解决教派纷争，在途中，病死在一所荒凉的修道院里，时年49岁。

【思考】你从托马斯·阿奎那身上学到了哪些优秀的品质？

案例2：高尼罗对安瑟伦关于上帝存在证明的反驳

安瑟伦关于上帝存在的本体论证明一经提出，就受到了人们的质疑和反驳，僧侣高尼罗是其中比较有代表性的一位。他的反驳如下："在人们心中关于上帝的观念可以和其他存在物的观念一样存在，但是决不能由此推论出在心灵之外它们也同样存在。这正如人们可以想象海上有些美丽的岛屿，但不能断定岛屿是确定存在的。因为实在的东西是一回事，而把握这种东西的理智本身又是另一回事。"

【思考】如何看待高尼罗的反驳？安瑟伦是如何回应的？除高尼罗之外，还有哪些哲学家对上帝存在的本体论证明进行了反驳？

【参考答案】高尼罗认为观念的存在和事实的存在是两回事，不能从观念的存在直接推出事实上的存在，这一点值得肯定。

安瑟伦对高尼罗的反驳进行了回应，他认为最完满的东西只有一个，就是上帝。除上帝之外，别的观念本身不必然包含着存在，即本质和存在是分开的。例如"人"，上帝在创造人之初已经有了人的观念，但不一定非要有人的存在。从逻辑上说，必然有一个本质包含着存在，就是上帝。安瑟伦的回应没有看到无神论者头脑中没有上帝的观念，退一步说，即使人们的头脑中有上帝的观念，也无法证明为什么上帝的观念本身必然包含着存在。

康德批判了安瑟伦的思想。康德认为存在是一种状态，不能从逻辑上推出，只能从经验中证明。例如头脑中100元与兜里的100元虽然数目相等，但是二者是有区别的，头脑里的100元是不能购物的。因此上帝的观念和上帝的存在是两回事，思维和存在是不同的。

马克思在实践的基础上科学地解决了思维与存在的关系问题，他指出"关于离开实践的思维的现实性或非现实性的争论，是一个纯粹经院哲学的问题"。

第三节　唯名论和唯实论

【学习目标】

了解唯名论和唯实论早期、晚期的不同代表人物；理解唯名论与唯实论争论的中心问题；掌握唯名论与唯实论的主要思想；正确认识唯名论和唯实论的争论，坚持唯物主义，反对唯心主义。

【学习要点】

1. 共相问题的由来

公元3世纪，波菲利在注释亚里士多德的《范畴篇》时提出了三个问题：（1）共相是否独立存在，或者仅仅存在于理智之中？（2）若它们是独立存在的，它们有无形体？（3）若它们是无形的，它们是与感性事物相分离，还是寓于感性事物中与感性事物相一致？波菲利当时只是提出了这些问题，而没有给予回答。

到了公元6世纪，拉丁教父波埃修对这些问题作了回答，他认为：（1）共相（种属）不是独立存在的，但它又是独立于人的理智而存在的普遍本质。（2）共相是无形的实质。（3）共相就存在于感性事物中并与感性事物相一致。

到了11世纪，围绕这些问题，经院哲学家们展开了激烈的争论，形成了对立的两派：唯名论和唯实论。

2. 唯名论

唯名论认为只有引起人们感觉的个别事物才是唯一真实的，一般只不过是事物的名称，一个符号，一个概念，只能存在于人们的思维和语言中。因此，他们认为不是一般先于个别，而是个别先于一般。唯名论分为两派：极端的唯名论和温和的唯名论。前者把一般和个别完全割裂开来，只承认个别不承认一般。后者承认个别先于一般的同时，又承认个别与一般有某种联系。

3. 唯实论

唯实论，又被称为实在论，主张一般是独立于个别而存在的实体，一般先于个别而又派生个别，因此，一般比个别更实在。唯实论分为两派：极端的唯实论和温和的唯实论。前者把一般与个别完全割裂开来，只强调对立。后者承认一般先于个别、比个别更实在的同时，又承认一般与个别之间有某些联系。

4. 一般与个别的关系问题在古希腊是否存在

实际上，一般与个别的关系问题在古希腊已经存在。柏拉图的理念论认为理念是第一性的，理念派生具体事物，这是典型的唯实论。亚里士多德的实体学说则是不完全的唯名论。他承认第一实体如个别的人、个别的马，也就是承认了个别事物的存在，并且他认为一般存在于个别事物之中，这是唯名论思想。但是在第一实体之后，他又提出了第二实体，即承认个别事物种、属的独立存在，这又倒向了唯实论。

5. 唯名论和唯实论争论的中心问题

唯名论和唯实论争论的中心问题是关于一般与个别、共相与殊相的关系问题。唯名论认为个别事物是真实的，个别事物在先，个别派生一般，没有个别就没有一般。唯实论主张一般才是真实存在的，一般在先，一般派生个别。在中世纪特殊的背景下，唯名论与唯实论之争并非仅仅局限于哲学领域，其背后是对神学问题的分歧。唯实论承认共相、一般的独立存在，它的观点就构成了基督教教义的理论基础。因而在中世纪，实在论是正统学派。反之，唯名论否定共相和一般必然会威胁到基督教的正统神学思想，威胁到教会的权威。也因此，唯名论在中世纪被视为异端思想，长期处于受压抑状态。

6. 唯名论和唯实论争论的实质

从表面来看，两派关于一般与个别的争论是在神学的基础上围绕逻辑问题展开的，其背后却隐藏着哲学基本问题即世界本原是精神还是物质的分歧。

对思维和存在何者为第一性的问题，唯实论作了唯心主义回答，主张一般、共相是第一性的，一般先于个别事物并派生个别事物，个别事物是第二性的、是被派生的。唯名论则认为只有个别的、具体的、可感觉的事物是真实的、第一性的，而一般概念是第二性的、是被派生的，具有唯物主义倾向。

不管是唯名论还是唯实论，都有其局限性，二者都割裂了一般与个别的关系。唯实论把一般说成是独立存在的精神实体，是第一性的，这种观点显然是客观唯心主义。唯名论也没有摆脱宗教神学的束缚，它否定了一般的客观内容，从而给主观唯心主义开了方便之门。但是在中世纪的特殊条件下，唯名论肯定个别事物的实在性，这就为人们对自然界进行具体研究和经验认识提供了理论条件。

7. 安瑟伦的唯实论

安瑟伦是早期的唯实论的代表人物。在一般与个别的关系问题上，安瑟伦认为一般即共相是先于个别事物而独立存在的实体。他认为只有普遍的东西才不变，而且越普遍越实在，上帝是最普遍的，所以上帝最实在。个别事物作为一般的派生物是没有客观实在性的。他这种把一般与个别绝对对立起来的观点被称为"极端的唯实论"。

8. 洛色林（罗色林）的唯名论

洛色林在反对安瑟伦观点的同时，最早提出了唯名论思想。他否认一般的真实性，认为只有个别的事物才具有客观真实性。共相只不过是"声息"或"名词"，是人类思维的抽象创造物。洛色林从唯名论出发，认为"三位一体"的神也只不过是一个名字，是不真实的，只有三位即圣父、圣子、圣灵的个别存在才是真正实在的；原罪也只是一个虚名，只有个别人、个别行为的具体罪恶才是真实的；罗马圣教会也是一个虚名，只有各个地方的教会才是真实的存在。洛色林的唯名论直接动摇了罗马教会的根基，被教会视为异端。

9. 阿伯拉尔的唯名论

阿伯拉尔一方面继承了洛色林的唯名论传统，坚持个别事物的真实存在，否认共相的客观实在性。另一方面相比于洛色林的极端唯名论，阿伯拉尔在坚持个别事物是独立存在的客观实体的同时，并没有否认共相与个别事物的关系，也没有否认共相所具有的意义，他的思想被称为"温和的唯名论"。

阿伯拉尔对波菲利的三个问题作了辩证的回答：（1）共相不具有独立实在性；但是作为普遍概念有其客观内容。（2）共相作为事物的本性有其规定性，因而是有形的；但从意义方面又是无形的。（3）共相不能独立存在，只能存在于感性事物之中；但是当它们被理解、被思考的时候，则存在于我们的思想之中。

阿伯拉尔在关于共相的三个问题之外，又提出了第四个问题："种属是否必定具有因命名而来的实在？或者说，如果被命名的事物消失了，那个共相是否仍然有意义？"对此，阿伯拉尔的回答是：概念有其特定内涵，即使产生共相的个别事物消失了，共相仍然是有意义的，这个名词所具有的内涵已经形成了心灵中的普遍概念，这就是他的概念论。

10. 托马斯·阿奎那的唯实论

晚期的唯实论的重要代表是托马斯·阿奎那，他在共相问题上既反对唯名论的观点，也不同意安瑟伦的极端唯实论，而是综合了柏拉图的理念论和亚里士多德的实体学说，并将辩证法引入对共相问题的探讨中，形成了他对共相与殊相关系的独特理解。首先，共相在殊相之先。共相（理念）是上帝据以创造世界万物的原型，先有理念，再有各种具体事物。在这个意义上，共相先于殊相。其次，共相在殊相之中。当世界被创造之后，共相作为事物的本质必然寓于殊相之中，不可能脱离个别事物而存在。最后，共相在殊相之后。从认识论的角度来看，人们先通过个别事物获得了大量感性认识，在此基础上，运用理智的抽象形成对事物本质的认识，即共相，因此共相在殊相之后。

11. 罗吉尔·培根的"四障碍"说

罗吉尔·培根对烦琐的经院哲学不感兴趣，他抨击教士们的愚昧无知，认为正是这种愚昧无知阻碍了人们认识科学真理。他指出影响人们获得真理的障碍有四种：毫无根据的权威、习俗的长期性、无知民众的意见、以虚夸的智慧掩饰无知。400年后近代哲学家弗朗西斯·培根提出"四假相"说，"四假相"说与"四障碍"说在内容上有许多相似之处。

12. 奥康剃刀

在反对唯实论的基础上，奥康提出了他的著名论断："能以较少者去完成的事情，若以较多者去做，便是徒劳。"后人把它概括为"如无必要，勿增实体"。从这一原则出发，他认为像"实体形式""隐蔽的质""影象"之类都是多余的东西，为了节省时间和精力，要用经济原则这把剃刀把它们统统剃掉。这一思想形象地称为"奥康剃刀"。

"奥康剃刀"是针对经院哲学凡事都要在自然原因之外寻求一个属灵原因的做法，客观上动摇了正统的神学思想，促进了自然科学和实验科学的兴起和发展。

【强化训练】

一、判断题

1. 经院哲学中的正统学派是唯名论。 （　　　）

2. 罗吉尔·培根被后人视为近代实验科学的先驱。 （　　　）

3."唯名论是唯物主义的最初表现。" （   ）

4.阿伯拉尔是12世纪反对迷信权威的勇士。（   ）

5.第一位唯实论哲学家是洛色林。（   ）

参考答案：

1. ×   2. √   3. √   4. √   5. ×

二、多选题

1.下列是唯名论哲学家的有（   ）

A. 安瑟伦   B. 洛色林

C. 阿伯拉尔   D. 托马斯·阿奎那

2.方济各修会"三杰"有（   ）

A. 托马斯·阿奎那   B. 罗吉尔·培根

C. 邓斯·司各脱   D. 威廉·奥康

3.多明我修会（   ）

A. 反对用理性论证信仰

B. 注重对信仰内容的理性论证

C. 在共相问题上持实在论观点

D. 在神学上是神秘主义者

4.罗吉尔·培根的"四障碍"说包括（   ）

A. 靠不住的、不适当的权威的榜样

B. 习俗的长期性

C. 无知民众的意见

D. 语言的歧义

5.关于洛色林，下列说法正确的是（   ）

A. 是唯名论的创始人

B. 是温和的唯名论

C. 认为共相是"声息"或"名词"

D. 他被教会视为异端

参考答案：

1. BC   2. BCD   3. BC   4. ABC   5. ACD

三、简答题

1. 简述阿伯拉尔的概念论。

2. 简述罗吉尔·培根的"四障碍"说。

3. 简述"奥康剃刀"。

四、论述题

1. 论述唯名论与唯实论斗争的中心问题及实质。

2. 论述托马斯·阿奎那关于一般与个别的关系。

五、材料分析题

马克思、恩格斯："唯名论是唯物主义的最初表现。"

列宁："中世纪唯名论和唯实论的斗争同唯物主义和唯心主义的斗争有相似之处。"

上述材料体现了什么哲学思想？试运用所学知识加以分析。

【拓展阅读】

案例1：12世纪反对迷信权威的勇士——阿伯拉尔

阿伯拉尔是12世纪反对迷信权威的勇士。他认为："在教会的教父们的无数著作中有不少表面上的矛盾甚至难解之处。我们崇拜他们的权威不应该使自己追求真理的努力停滞不前。""教父们会有错误是毫无疑问的。即使彼得，使徒中的名人，也曾陷入错误中。"因此，"读所有这一类著作都要有充分的自由进行批判，而没有不加怀疑地接受的义务，否则一切研究的道路都要被阻塞，后人用以讨论语法和叙述中难题的优秀的智慧就要被剥夺"。所以，阿伯拉尔的结论是："在学问上最好的解决问题的方法就是坚持的和经常的怀疑。……由于怀疑，我们就验证，由于验证，我们就获得真理。"

恩格斯高度评价了阿伯拉尔的反权威思想：阿伯拉尔的"主要东西——不是理论本身，而是对教会权威的抵抗。不是像安瑟尔谟那样'信仰而后理解'，而是'理解而后信仰'；对盲目的信仰进行永不松懈的斗争"。

【思考】阿伯拉尔的怀疑主义对后世有什么影响？

【参考答案】阿伯拉尔的这种怀疑主义精神在中世纪的条件下是需要极

大的勇气的，也表明基督教的教义和信条开始有所松动。更重要的是，阿伯拉尔从怀疑权威出发，依据理性进行研究，最后达到真理，这开创了后来以笛卡尔等人为代表的近代法国怀疑精神的先河。

案例2：方济各修会与多明我修会

方济各会创建于1210年，创始人为方济各，他本是富家子弟，后来受到神启，投身修士，宣传苦行，1210年得到教皇授权建立修会。方济各身穿粗布衣服，手托钵盂，在街头行乞，顺便宣传圣恩。方济各的行为太过清苦，因此他生前会众并没有增加很多。他在1226年去世后，被封为圣人，后来教廷又准许方济各会拥有财产，会众才大量增加。他的苦行修道思想影响很大，虽然没多少人能像方济各那样始终坚持苦行，但定期做苦行被很多基督教派别作为修行方式。方济各会在会众扩展后分化，一小部分最虔诚的坚持乞丐生活，大部分修士只做定期的禁食修行。更多的方济各信徒是在家修行，因此许多贵族也加入方济各会，成为俗家弟子，称为世俗方济各会。在神学上，方济各会认为圣母无原罪。方济各会是人数最多的修会，内部派别众多，因为贵族的加入而拥有庞大的势力，多位教皇出身于方济各会，在教会权力上，能和他们对抗的是多明我会。

多明我和方济各是同时代人，他是西班牙贵族出身，上过神学院，博学多才，信仰坚定，深得教皇信任。当时在法国南部兴起一个异端派别阿尔比派，多明我去那里做反异端的宣传工作，并不成功。回来之后，多明我向教皇报告说，现在的教士生活奢侈，礼仪繁多，趾高气扬，作风多有不端，民众因此失去对教会的信任，需要克除旧弊，建立新的传教组织。于是教皇下令让多明我建立新修道院，执行多明我制定的会规。多明我会一开始的目的就是为了对付"异端"。在会规上，多明我选择5世纪的圣奥古斯丁规则为蓝本，加入反异端的信条。会众自称为主的猎犬，他们精研正统教义，培训演说和辩论术，以此和"异端"斗争。多明我主张以演说来感化，他的后继者则迅速走向暴力迫害。宗教裁判所出现后，几乎都是多明我会修士来执掌的，他们在西班牙特别有势力，也采用了吸纳俗家弟子的方式。多明我会靠宗教裁判所的势力，迫害异端，打击新教徒。他们和方济各会争夺权力，因为对圣母原罪说的不同看法，两派经常互相攻击。

【思考】方济各修会与多明我修会在理性与信仰的关系问题上的观点有什么不同？在共相问题上又有什么不同？

【参考答案】方济各修会：反对用理性论证信仰，主张把哲学和神学严格区分开来；在共相问题上坚持唯名论立场，在哲学上是经验主义者，在神学上却是神秘主义者。

多明我修会：沿袭阿尔伯特和托马斯·阿奎那的理性神学传统，坚持哲学与神学的同一性，注重对信仰内容的理性论证；在共相问题上持实在论观点。

第三章
经验论哲学

第一节　经验论概述及培根哲学

【学习目标】

了解经验论的产生、发展过程；理解培根的经验论基本原则与经验归纳法；掌握经验论的含义、特征及培根的"四假相"说；认识唯物主义与经验论的区别，区分唯物主义经验论与唯心主义经验论。

【学习要点】

1. 经验论为什么产生于英国

经验论产生于17世纪的英国，一方面是英国自然科学发展的结果。在中世纪，宗教占据统治地位，阻碍了科学的发展。文艺复兴为科学的发展扫清了障碍，自然科学迅速发展起来。科学的发展引起了思想上的变化，出现了重视哲学实际效用的经验论哲学。另一方面英国有唯名论的传统。唯名论哲学家特别是罗吉尔·培根和奥康重视个别事物，重视实验科学，轻视理性与一般，这为经验论的产生奠定了思想基础。

2. 经验论是如何发展的

弗朗西斯·培根（以下简称培根）是经验论的创始人，他批判经院哲学，提出了经验论的基本原则。霍布斯继承了培根的思想并将经验论进一步深化。洛克是经验论的集大成者，全面系统地论证了经验论的基本原则。贝克莱发展了洛克哲学中的唯心主义因素，推动了经验论的进一步发展。休谟则把经验论原则贯彻到底，最终走向了不可知论。

3. 经验论是否就是唯物主义

经验论，是指把经验或感性认识看作是人的一切知识或观念的唯一来源的一种学说，"凡在理智之中的，无不先在感觉之中"。经验论回答的是认识的来源、确定性等问题，属于认识论范畴，它与唯理论相对立；而唯物主义回答的是世界的本原问题，属于本体论范畴，它与唯心主义相对立。二者是不同的哲学范畴，不能等同。经验论可能是唯物的，也可能是唯心的。主张经验来源于物质的是唯物主义经验论，主张经验来源于精神的则是唯心主义经验论。

4. 经验论有哪些特征

经验论的特点主要有三个：其一，研究重心由本体论转向认识论。经验论对世界的本原、对超出经验的形而上学问题不感兴趣，而是专注于认识的来源、知识的可靠性等问题。其二，经验论重视哲学的实际效用。他们主张做"自然的主人和占有者"，具有浓厚的实用主义色彩。其三，经验论具有机械性和形而上学性。如霍布斯把物质等同于广延，把运动等同于位移。

5. 培根的"四假相"说

培根提出"四假相"说的目的是清算经院哲学带给人们的种种偏见、诡辩和谬论。所谓假相，是指人的头脑中的错误观念，它们阻碍了人们获得正确的认识。培根根据这些错误的不同来源，把假相分为四类："族类假相""洞穴假相""市场假相""剧场假相"。

"族类假相"（"种族假相"）是指人类天性中的缺陷。人往往以自身为尺度去认识外物，缺乏中立的态度，不能客观地反映事物。"洞穴假相"是个体差别造成的缺陷。个体因成长环境不同、所受教育不同、立场不同、思维方式等不同而产生的主观狭隘。"市场假相"是人们交往中因语词使用不当而产生的误解。"剧场假相"是盲目崇拜权威、教条、传统哲学体系而造成的错误认识。

培根的"四假相"说的意义不仅限于对经院哲学的批判，更重要的在于探讨人类认识产生谬误的根源，对后世产生了深远的影响。

6. 培根的唯物主义思想

培根主张认识的对象是客观存在的自然界，自然界有其客观的规律（他称之为"形式"），规律是可以被认识的。培根还认为物质具有多种性质，如形状、大小、颜色、声音等。物质运动也有多种形式，他列举了19种运动形式，位移只是其中的一种。显然，培根的思想是带有辩证色彩的朴素唯物主义。

7. 培根的经验归纳法

方法论问题在培根的哲学探索中占有极其重要的地位。他认为发展科学就要有新的方法，在批判经院哲学旧逻辑的基础上，他提出了经验归纳法。第一步，收集材料。第二步，运用"三表法"即"具有表""接近中的缺乏表""程度表"来整理材料。第三步，进行真正的归纳。

培根的归纳法具有重要的意义，它为近代归纳逻辑奠定了基础。但是他偏重机械的列表例证和片面分析，在贬低演绎法和三段论作用的同时，片面地夸大了归纳法的作用。

8. 培根的经验论基本原则与他的唯物主义思想之间是否存在矛盾

培根提出了经验论的基本原则：一切知识源于经验。他同时又承认自然界的客观存在，坚持唯物主义。自然界能被经验到吗？作为经验论哲学的创始人，培根并没有意识到经验论的基本原则（即一切知识源于感觉经验）与唯物主义的首要前提（即承认物质世界在感觉之外的客观实在性）之间的深刻矛盾。这个矛盾被他的后继者意识到并逐渐暴露出来，并最终使得经验论走向了死胡同。

【强化训练】

一、填空题

1. 近代经验论的创始人是哲学家（　　　）。

2. "知识就是力量"是（　　　）的名言。

3. 因为盲目相信权威而导致的错误观念被培根称之为（　　　）。

4. 经验论的基本原则是（　　　　）。

5. 马克思、恩格斯指出，"英国唯物主义和整个近代实验科学的真正始祖是（　　　　）"。

参考答案：

1. 培根　2. 培根　3. 剧场假相　4. 一切知识源于经验　5. 培根

二、多选题

1. 下列属于经验论哲学家培根的著作有（　　　　）

A.《论物体》　　　　　　　　B.《科学的大复兴》

C.《论学术的进展》　　　　　D.《工具论》

2. 经验论的代表人物有（　　　　）

A. 笛卡尔　　　　　　　　　B. 培根

C. 霍布斯　　　　　　　　　D. 休谟

3. 培根的哲学思想包括（　　　　）

A. 承认认识的对象是客观存在的自然界

B. 主张物质具有多种性质

C. 提出经验归纳法

D. 将感性与理性结合起来

4. 经验论的特点有（　　　　）

A. 研究重心由本体论转向认识论

B. 重视哲学的实际效用

C. 具有机械性

D. 重视对本体论的研究

5. 培根的"三表法"包括（　　　　）

A. "具有表"　　　　　　　　B. "接近中的缺乏表"

C. "归纳表"　　　　　　　　D. "程度表"

参考答案：

1. BC　2. BCD　3. ABCD　4. ABC　5. ABD

三、简答题

1. 经验论有哪些特征？

2. 简述培根的经验归纳法。

四、论述题

你如何看待培根的"四假相"说？

五、材料分析题

马克思评论培根："唯物主义在它的第一个创始人培根那里，还在朴素的形式下包含着全面发展的萌芽。物质带着诗意的感性光辉对人的全身心发出微笑。但是，用格言形式表达出来的学说本身却反而还充满了神学的不彻底性。"

如何理解马克思所说的"神学的不彻底性"？试运用所学知识加以分析。

【拓展阅读】

案例1：培根名言赏析

知识就是力量。

历史使人贤明，诗歌使人高雅，数学使人高尚，自然哲学使人深沉，道德使人稳重，而伦理学和修辞学则使人善于争论。

为了要替自己煮蛋以致烧掉一幢房子而毫不后悔的人，乃是极端的利己主义者。

人是一切的中心，世界的轴。

有经验的老人执事令人放心，而青年人的干劲则鼓舞人心。如果说，老人的经验是可贵的，那么青年人的纯真则是崇高的。

幸运并非没有许多的恐惧与烦恼，厄运也并非没有许多的安慰与希望。

对一个人的评价，不可视其财富出身，更不可视其学问的高下，而是要看他真实的品德。

顺境的美德是节制，逆境的美德是坚韧，后一种是较为伟大的德性。

无德之人常嫉妒他人之有德。

美德好比宝石，它在朴素背景的衬托下反而更华丽。同样，一个打扮并不华贵，却端庄、严肃而有美德的人，是令人肃然起敬的。

我认为善的定义就是有利于人类。

研究真理、认识真理和相信真理，乃是人性中最高的美德。

如果问在人生中最重要的才能是什么？那么回答则是：第一，无所畏惧；第二，无所畏惧；第三，还是无所畏惧。

人们以为他们的理性支配言语，偏偏有时言语反而支配理性。

重复言说多半是一种时间上的损失。

青年长于创造而短于思考，长于猛干而短于讨论，长于革新而短于持重。

除知识和学问之外，世上没有任何其他力量能在人的精神和心灵中，在人的思想、想象、见解和信仰中建立起统治和权威。

【思考】培根的名言对你有什么启发？

案例2：培根对哲学任务的理解

培根在他的《新工具》一书中说："历来处理科学的人，不是实验家，就是教条者。实验家像蚂蚁，只会采集和使用；推论家像蜘蛛，只凭自己的材料来织成丝网。而蜜蜂却是采取中道的，它在庭园里和田野里从花朵中采集材料，而用自己的能力加以变化和消化。哲学的真正任务就正是这样，它既非完全或主要依靠心的能力，也非只把从自然历史和机械实验收来的材料原封不动、囫囵吞枣地累置于记忆当中，而是把它们变化过和消化过放置在理解力之中。"

【思考】蚂蚁、蜘蛛各代表什么？培根揭示哲学的任务是什么？

【参考答案】培根用蚂蚁暗讽狭隘的经验派，用蜘蛛暗讽理性派或经院哲学。培根认为蚂蚁只是收集材料，注重感性经验；蜘蛛只是结网，重视理论，这两种做法都是片面的。正确的做法，即哲学的任务是应该像蜜蜂一样，先采蜜，即从感性经验出发，再消化吸收，运用理性对感性材料进行归纳总结、概括提升，最终形成知识。

第二节　霍布斯哲学

【学习目标】

了解霍布斯的运动观；理解霍布斯的感觉经验论、社会契约论；掌握霍布斯的物体、偶性；正确运用马克思主义的基本观点评价霍布斯的思想，反对机械论，反对绝对君权，树立正确的发展观和国家观。

【学习要点】

1. 霍布斯哲学的研究对象

霍布斯否认精神实体的存在，认为只有一种实体，即物体。物体是哲学研究的唯一对象。他把物体分为两类，一类是自然物体，一类是人造物体，即国家。相对于两种物体，他把哲学分为自然哲学和公民哲学。

【拓展】霍布斯认为哲学研究的对象是自然物体和国家，实际上就把上帝赶出了哲学的领域，也因此有人认为他是无神论者。这是对他的误解。霍布斯否认的是上帝是哲学的研究对象，但并不否定上帝本身。上帝不是哲学的研究对象，还可以是信仰的对象。

2. 霍布斯的偶性

霍布斯认为物体所具有的属性就是"偶性"。他给偶性下了一个定义："一个偶性就是某个物体借以在我们心里造成它自身的概念的那种能力。"偶性依附于物体，但并不属于物体本身，它是物体作用于感官在心中产生的关于物体性质的概念，这些概念是物体的变形，是我们认识物体的方式，这就使偶性有了主观化的倾向。

霍布斯把偶性分为两类，一类是广袤，即物体占有一定的空间位置，这是物体的本质属性，与物体共存亡。一类是声、色、味、软硬等，这类偶性是对象在我们头脑中造成的主观映像，与物体的存在没有直接关系。霍布斯关于两类偶性的区分影响了他之后的经验论哲学家，如洛克就把物体性质分为第一性质和第二性质。

3. 霍布斯的运动观

霍布斯否认运动的多样性，仅仅把运动看作是物体在外力推动下从一个位置到另一个位置的移动，显然这是机械论的运动观。在霍布斯所处的时代，这种机械运动观比较流行，比如牛顿、笛卡尔都持这种观点。与此相适用，霍布斯的世界观是功能主义的，他只描述物体各个组成部分的实际功能，不去追究背后的原因。这种观点把经院哲学的"隐蔽的质""终极目的"等形而上学的因素排除在了哲学之外，在一定程度上促进了近代科学的发展。

【拓展】物质的运动除霍布斯所说的位移之外，还有哪些形式？

物质的运动形式多种多样，除位置移动之外，还有化学运动、物理运动、生命运动、社会运动等多种形式。不仅物质是运动的，精神、思想也处在不断的运动变化之中。

4. 霍布斯的感觉经验论

霍布斯主张一切知识来源于感觉经验。物体作用于人的感官，形成感性观念，再由感性观念派生出理性认识。具体步骤如下：第一步，把众多相似的感性观念聚合在一起，给它们命名；第二步，通过判断把两个概念合成一个命题；第三步，从一个命题到另一个命题，形成推理。霍布斯不满意传统的三段论推理，他主张推理是一种计算，是观念的加减："加法"是词意的合成，"减法"是词意的分解。霍布斯的推理不过是复杂观念的组合和分解。

霍布斯主张哲学的方法是分析与综合。分析是从感觉经验出发推出普遍的原则，综合是把个别的和普遍的名称或命题合成为一个整体。霍布斯既承认感觉，又承认推理；既承认分析方法，又承认综合方法。很明显，他的经验论立场不彻底，带有唯理论的色彩。

5. 霍布斯的社会契约论

霍布斯把机械唯物论和感觉经验论运用到政治哲学领域，提出了社会契约论。社会契约论主要体现在他的政治学巨著《利维坦》中。霍布斯政治学说的出发点是"自然人"的观念。自然人天性中带有私欲，按照趋利避害的本能而活动。在自然状态下，每个自然人为了保护自己的生存和利益会不择手段损害他人的利益，导致"每一个人对每个人的战争"。这样的状态不仅不利于自保，反而可能会损害每个人的利益。为了走出这种自然状态，霍布斯主张人们应该缔结契约，把自己的权利转让给一个"第三者"，即国家，由国家代为行使权利，这就是国家的产生。

霍布斯认为国家不是契约的一方，因而不受契约的约束，它拥有绝对的权力，即"绝对君权"。只有这样，才能保障每个人的权利。但他又承认在国家元首不能保护契约人的生命的情况下，臣民可以起来推翻他的统治，因为元首的权力来自臣民，这又蕴含着"君权民授"的思想。霍布斯的绝对君权是为王权辩护的，但是君权民授又意味着人民可以推翻国王的统治。也因此，他受到来自保王党和革命党两方面的攻击。

【拓展】霍布斯认为国家的产生是社会契约的结果，你同意这种看法吗？为什么？

国家是阶级矛盾不可调和的产物，是阶级斗争的产物，国家的实质是一个阶级统治另一个阶级的工具，而不是社会契约的结果。

【强化训练】

一、填空题

1. 霍布斯认为物体的本质属性是（　　　）。

2. 霍布斯在其著作（　　　）中系统地论述了社会契约论思想。

3. 霍布斯把哲学分为两个部分，即（　　　）和（　　　）。

4. 马克思、恩格斯在评价近代英国的一位哲学家时说，在他的哲学中，"感性失去了它的鲜明色彩，变成了几何学家的抽象的感性。物理运动成为机械运动或数学运动的牺牲品；几何学被宣布为主要的科学。唯物主义变得漠视人了"。这位哲学家是（　　　）。

5. 霍布斯认为，"（　　　）是不依赖于我们思想的东西，与空间的某个部分相合或具有同样的广延"。

参考答案：

1. 广延性（广袤性）　2.《利维坦》　3. 自然哲学　公民哲学　4. 霍布斯

5. 物体

二、多选题

1. 霍布斯的著作包括（　　　）

A.《论物体》　　　　　　　　　B.《论公民》

C.《论人》　　　　　　　　　　D.《论灵魂的激情》

2. 霍布斯认为物体具有以下哪些特性？（　　　）

A. 质的多样性　　　　　　　　　B. 广袤性

C. 客观实在性　　　　　　　　　D. 可感知性

3. 霍布斯的思想包括（　　　）

A. 运动是位移　　　　　　　　　B. 物体是广延

C. 推理是计算　　　　　　　　　D. 国家是社会契约的产物

4. 霍布斯把物体分为两类（　　　）

A. 自然物体　　　　　　　　　　B. 客观物体

C. 人造物体　　　　　　　　　　D. 主观物体

5. 霍布斯认为偶性是（　　　）

A. 不生不灭的　　　　　　　　　B. 变化无常的

C. 物体本身　　　　　　　　　　D. 物体的变形

参考答案：

1. ABC　2. BCD　3. ABCD　4. AC　5. BD

三、简答题

1. 简述霍布斯的偶性。

2. 霍布斯是如何理解物体的？

四、论述题

论述霍布斯的社会契约论。

五、材料分析题

在霍布斯看来，一块表，"我们不必知道谁制作了钟表，他为什么要制作这块表，或这块表是派什么用场的。理解这块表，就是在理解其各部分的功能性相互联系之中来理解这些部分。这是理解钟表如何工作，如何发生功能。

钟表的工作是由它的各部分的机械运动所决定的。"

上述材料体现了霍布斯的什么思想？试运用所学知识加以分析。

【拓展阅读】

案例1：霍布斯对《圣经》的批判

霍布斯在其著作《利维坦》中对《圣经》做了批判，他说："《圣经》的权威来自何处乃是基督教各教派争论得很多的问题。这一问题有时也以其他方式提出，比如：我们怎么能知道《圣经》各篇是上帝的话；或我们为什么相信《圣经》是上帝的话等等。解决这一问题的困难主要来自表达问题所用的字眼不恰当。因为大家都相信，圣经的原始作者是上帝，所以争论的问题便不是在这里。其次，还有一点也很清楚，虽然所有真正的基督徒都相信，但除开由上帝亲自以超自然的方式对其启示过《圣经》的人以外，谁也不知道《圣经》是上帝的话。所以我们怎么能知道《圣经》的问题便提得不正确。最后，如果问题是作为我们怎样能相信《圣经》的问题提出的，那么由于某些人是由于某一种理由而相信的，另一些人则是又由于另一种理由而相信的，所以对于他们不可能提出一个总的答复。真正说来，问题应该是这样：圣经各篇究竟是根据什么权威而成为律法的。"

【思考】霍布斯为什么要批判《圣经》？

【参考答案】霍布斯对《圣经》的批判，既是他政治学说的需要，也是他哲学思想的要求。在政治上，《圣经》的思想强调教权至上，同霍布斯主张的王权至上相悖；在哲学上，《圣经》的启示是模糊、混乱的幻象，超出了人们的感觉经验，同经验论的基本原则相悖。

案例2：霍布斯如何走出"黑暗森林"

著名科幻小说家刘慈欣在《三体》第二部中描述了"黑暗森林"理论："宇宙就是一座黑暗森林，每个文明都是带枪的猎人，像幽灵般潜行于林间，轻轻拨开挡路的树枝，竭力不让脚步发出一点儿声音，连呼吸都小心翼翼……他必须小心，因为林中到处都有与他一样潜行的猎人。如果他发现了别的生命，不管是不是猎人，不管是天使还是魔鬼，不管是娇嫩的婴儿还是步履蹒跚的老人，也不管是天仙般的少女还是天神般的男孩，能做的只有一件事：开枪消灭之？在这片森林中，他人就是地狱，就是永恒的威胁，任何暴露自己存在的生命都将很快被消灭。这就是宇宙文明的图景。"

"黑暗森林"理论，实际上就是霍布斯所描绘的自然状态：在自然状态下，每个自然人为了自保会不择手段来排斥和消灭敌人。霍布斯提出了走出自然状态、走出"黑暗森林"的对策："在别人也愿意这样做的条件下，当一个人为了和平与自卫的目的认为必要时，会自愿放弃这种对一切事物的权利；而在对他人的自由权方面满足于相当于自己让他人对自己所具有的自由权利。……权利的相互转让就是人们所谓的契约。"

【思考】霍布斯是如何走出"黑暗森林"的？

【参考答案】为了走出这种"人对人就像狼一样"的自然状态，霍布斯主张订立社会契约，把自己的权利转让给一个"第三者"的个人或议会，由"第三者"对他们进行治理。

第三节　洛克哲学

【学习目标】

了解洛克哲学的任务；理解洛克的经验与观念、第一性质与第二性质；掌握洛克对天赋观念论的批判、"白板"说、知识论；厘清洛克如何发展了培根的经验论思想，辩证地看待洛克哲学的贡献及其存在的问题。

【学习要点】

1.洛克哲学的性质和任务

洛克哲学的性质是考察人类理智的能力，其任务是揭示人类知识的起源、确定性和范围等认识论问题。他针对的是传统哲学的先验性、独断性和思辨性。传统形而上学先预设一个超验实体，以为人能认识、把握它。洛克从经验论出发，认为超出经验的东西是人无法认识的。

洛克对人类理智的考察预示了哲学问题域及哲学思维方式的变革，体现了时代发展的要求。但是他把对人类理智的考察作为全部哲学研究的第一步并不科学。因为人类的认识能力是在实践基础上产生并随着实践的发展而不断发展，并没有一个固定的界限。由于脱离实践及其发展，往往会低估人的认识能力发展的可能性，陷入不可知论。

2. 洛克对天赋观念论的批判

（1）洛克批判的对象

洛克从经验论出发，对天赋观念论进行了批判。他批判的对象包括：从柏拉图到中世纪经院哲学以来的传统的"天赋观念论"；唯理论哲学家的"天赋观念论"；当时英国宗教、道德领域的"原始天赋论"和剑桥柏拉图学派的"气质天赋论"。

（2）洛克具体的批判

洛克批判天赋观念是一个没有必要的假设。即使没有天赋观念，人们单凭运用他们的自然能力，照样可以解释知识的来源和形成问题。

洛克批判了天赋观念论者的重要论据"普遍同意说"。天赋观念论者认为数学和逻辑的规则是人们普遍同意的，这就证明它们在人们心中是天赋的。洛克指出，根本不存在全人类普遍同意的天赋原则。退一步说，即使是普遍同意的，也不一定是天赋的，也可以是约定俗成的。

洛克批判了天赋观念论者的重要狡辩：理性发现论。理性发现说认为人类在运用理性时，就知道和同意某些数学上的和逻辑上的命题，这足以证明它们是天赋的。洛克反驳说：人类初次运用理性时并不一定就知道这些公理知识；如果在开始运用理性时才发现这些公理，恰恰证明它们不是天赋的，而是通过推理得出的。

洛克批判了道德原则是天赋的。当时的主流观点认为道德原则是上帝刻在我们心中的，所以是天赋的、普遍的。洛克反驳说：道德的规范和宗教的信条在不同的时代、不同的民族、不同的地区各不相同，甚至大相径庭，这说明道德原则是后天教化的结果。

洛克批判了天赋观念的理论前提：上帝观念。洛克认为上帝观念也不是人人都有的，历来就有一些无神论者以及新近发现的许多民族，他们就没有上帝观念。即使信仰上帝的人，他们对上帝观念的理解也各有不同，这都说明上帝观念不是天赋的。洛克认为上帝是对自然界第一因的推测，上帝观念是在经验中形成的。

洛克的批判是唯物主义反映论对唯心主义先验论的重大批判；但是批判得不彻底，他没有运用实践的观点从社会历史根源进行更深入的分析。

3. 洛克的"白板"说

如果没有天赋观念，我们的知识从何而来呢？在洛克看来，经验是观念的唯一来源，"凡在理智之中的，无不先在感觉之中"。洛克认为人的心灵就像一块"白板"，上面原本没有任何记号，后来通过感觉经验便在上面留下印记，形成观念和知识。洛克的"白板"说与亚里士多德的"蜡块"说相似，构成了经验论的基本前提。

4. 洛克的双重经验论

洛克把经验分为两种，即感觉与反省，它们是观念的两个来源。

感觉是我们的感官对外物刺激的感受，洛克称为"外感觉"。如关于声、色、味之类的观念都来自感觉。反省是对心理活动的注意，也被称为"内感觉"。洛克认为心灵不是消极地接受外物的刺激，它本身也有自己的各种心理活动。当心灵反省这些活动时，产生了诸如知觉、思想、怀疑、信仰、推论、认识、意欲等观念。洛克把感觉和反省都视为观念的来源，这就是他的双重经验论。

5. 洛克的简单观念与复杂观念

洛克把观念分为简单观念和复杂观念。

简单观念是外物作用于感官而产生的感觉观念，和心灵对心理活动的反省而产生的反省观念。简单观念具有被动性和单纯性。

复杂观念是心灵对简单观念加以组合、比较和抽象形成的。复杂观念分为三种：样式观念、关系观念和实体观念。样式观念是由同一种简单观念集合而成或由不同的简单观念混合而成。关系观念是对简单观念加以比较得到的。实体观念是思维假设的结果。

6. 洛克的两种实体

洛克认为实体的观念不是来自对某个客观对象的反映，而只是一种思维习惯或假设的结果。当我们通过感觉和反省获得了大量的简单观念之后，我们要假定一个基质作为简单观念产生的原因和寄托，这个基质就是实体。人们通常把来自感觉的简单观念所寄托的基质称为"物质实体"，把来自反省的简单观念所寄托的基质称为"精神实体"。一方面，洛克承认这两种实体都是主观心灵构造出来的复杂观念，我们对实体是一无所知的；另一方面，洛克又表示，我们对于实体的无知不足以使我们否定这两种实体的存在。显然，洛克并没有将经验论贯彻到底，在经验之外他还保留了两个不可知的实体。

7. 物体的两种性质与两种性质的观念

洛克把人心通过感觉和反省直接获得的东西称为"观念"，而把物体中能够产生观念的能力称为"性质"。他把物体的性质区分为第一性质和第二性质。

第一性质是指物体各部分的大小、形状、数目、位置、运动和静止。这是物体的根本性质，不论我们知觉与否，这些性质都在物体之中。

第二性质则是物体中的一种"能力"，是物体借助第一性质在我们心中产生的色、声、味等。这种性质依赖于第一性质，又叫作"附属性质"。

与物体的两种性质相对应，在我们心中也存在着两种性质的观念。物体的第一性质在我们心中产生了体积、广延、形状、运动、静止、数目等简单观念，物体的第二性质在我们心中产生了颜色、声音、气味、滋味等简单观念。第一性质的观念是对物体性质的真实反映。第二性质的观念尽管也是由物体中的运动刺激感官而产生的，然而在物体中却不存在它们的"原型"，所以只是心灵对物体性质的主观反映。

8. 洛克的知识论

（1）知识的含义

洛克把知识理解为观念与观念的符合，而不是观念与客观对象的符合。"所谓知识，就是人心对两个观念的契合或矛盾产生的一种知觉。"洛克主张知识的对象是观念，观念源于经验。在他看来，虽然我们能够感觉到物质世界的存在，但这仍只是一种感觉而已，我们实际上并不能断定它的存在。在这一点上，他偏离了唯物主义的立场。

（2）知识的等级

洛克将知识分为三类：第一类是直觉知识。这类知识不需要任何中介，也无需推论证明就能直接觉察到。如1+1=2，白不是黑等。因此它是最清楚、最可靠的知识，是其他一切知识的基础。第二类是证明知识。它以直觉知识作为中介，经过推理而获得。如数学知识、关于上帝的知识等。这类知识也是确实可靠的，但不如直觉知识那样一目了然。第三类是感觉知识，即观念与外物的契合。这类知识是人对外界事物的知识，具有或然性，是最不可靠、最不确定的知识。

9. 洛克的社会契约论

洛克是西方自由主义和民主政治理论的创始人，他的政治理论的基础是社会契约论。同霍布斯一样，洛克也是从人的自然状态入手，不过他不同意霍布斯所主张的自然状态是"每一个人对每个人的战争"。洛克认为自然状态是自由、和平的状态，人们在这种状态中平等地享有自然权利。但是在自然状态下，人的自由没有限制，会出现财产权的冲突，进而威胁到生命权。洛克认为建立国家的主要目的是解决人们的财产纷争。社会契约只要求人们放弃对财产权的判决和执行，其他权利如生命权、财产权和自由权都是不能转让、不可剥夺的。

洛克主张君权不是无限的，当统治者违背了人们的契约，人民就有权反抗和推翻他的统治，社会契约明确规定了人民有推翻暴君的权利。从洛克的社会契约论里自然地就能引出社会革命的理论。

洛克在社会契约论的基础上还提出了"三权分立"的思想，主张立法权、行政权、外交权应该由不同的机构来掌管。这一思想经过法国启蒙思想家孟德斯鸠的进一步发展，最终形成立法、司法、行政三权彼此分立、相互制衡的政治学说，成为西方资本主义国家普遍实行的政权组织形式。

10. 洛克哲学的贡献与矛盾

洛克对西方哲学的最大贡献是他建立了近代哲学第一个完整、系统的经验主义认识论体系。他的认识论思想对18世纪英、法等国不同的哲学流派都有深刻的影响。

当然，洛克的经验论是不彻底的，存在着内在矛盾：既承认实体存在，又认为我们对实体一无所知；主张第一性质是客观的，第二性质是主观感受，导致两种性质的分裂。矛盾的核心是唯物主义的立场和经验论基本原则之间的冲突：坚持唯物主义立场，就得承认物质世界是经验的前提，但这种立场违背了经验论基本原则；坚持经验主义立场，就要否认经验之外的实体存在，这又没法解释经验的来源。其后继者贝克莱对洛克的物质实体进行了批判，以固守经验论的立场。但贝克莱的经验论立场依然不彻底，因为他还保留了洛克的精神实体。休谟则将经验论贯彻到底，走向了不可知论。

【强化训练】

一、判断题

1. 洛克政治理论的基础是社会契约论。（   ）
2. 洛克把知识理解为观念与客观对象的符合。（   ）
3. 洛克认为上帝观念不是天生的，而是对自然界第一因的推测。（   ）
4. 洛克从经验论出发，认为超出经验的东西是人无法认识的。（   ）
5. "一打""二十"等表示数量的观念是洛克所说的简单观念。（   ）

参考答案：

1. √   2. ×   3. √   4. √   5. ×

二、多选题

1. 下列属于洛克著作的有（   ）

A.《人类理智论》　　　　　　　B.《论宗教宽容的书信》

C.《政府论》　　　　　　　　　D.《教育漫谈》

2. 下列关于洛克的实体的说法，正确的是（   ）

A. 包括物质实体和精神实体

B. 是不可知的

C. 是一种思维习惯或假设的结果

D. 是对客观对象的反映

3. 洛克的第一性质包括（   ）

A. 颜色　　　　　　　　　　　　B. 大小

C. 气味　　　　　　　　　　　　D. 运动

4. 洛克的思想包括（　　　）

A. "白板"说　　　　　　　　　　B. "蜡块"说

C. 批判天赋观念论　　　　　　　　D. 否认物质实体

5. 洛克的复杂观念包括（　　　）

A. 样式观念　　　　　　　　　　B. 感觉观念

C. 实体观念　　　　　　　　　　D. 关系观念

参考答案：

1. ABCD　2.ABC　3.BD　4.AC　5.ACD

三、简答题

1. 简述洛克的"白板"说。

2. 简述洛克的两种性质学说。

3. 简述洛克的知识论。

四、论述题

论述洛克对天赋观念论的批判。

五、材料分析题

马克思说："霍布斯把培根的学说系统化了，但他没有更详尽地论证培根关于知识和观念起源于感性世界的基本原则。洛克在他论人类理性起源的著作中，论证了培根和霍布斯的原则。"

洛克是如何论证培根和霍布斯的经验论原则的？试运用所学知识加以分析。

【拓展阅读】

案例1：洛克与莎夫茨伯利伯爵的不解之缘

约翰·洛克不仅是一位哲学家，他还学习过医学，医术高明。1666年，洛克遇到了莎夫茨伯利伯爵，两人惺惺相惜，建立了深厚的友谊。1667年，洛克医好了伯爵久治不愈的怪病，深受伯爵赏识。此后他长期担任伯爵的家庭医生和秘书。莎夫茨伯利伯爵是辉格党的领袖，他的政治思想对洛克影响很大。洛克的一生也随着莎夫茨伯利伯爵政治生涯的起伏而动荡。

1672年，伯爵被指派为英国大法官，洛克也随之参与各种政治活动。1675年，伯爵政坛失势后，洛克前往法国旅行。1679年，伯爵的政治情势稍微好转，洛克又回到了英国。1682年，伯爵在策划反对詹姆斯公爵（即后来的詹姆士二世）继承王位的活动失败后逃亡荷兰，洛克为了躲避迫害也逃亡至荷兰。也是在这个时期，据说是因为伯爵的鼓励，洛克开始撰写他的政治代表作《政府论》。1683年，莎夫茨伯利伯爵在荷兰去世。1688年，"光荣革命"成功后，洛克回到英国，成为辉格党重要的理论家，出版了《论宗教宽容》《政府论》和《人类理智论》等著作，奠定了他在西方哲学史和社会政治思想史上的重要地位。

【思考】莎夫茨伯利伯爵的政治思想对洛克有什么影响？

【参考答案】莎夫茨伯利伯爵是辉格党的领袖，受其政治思想的影响，洛克批判了为封建专制辩护的君权神授论，主张社会契约论，倡导自由主义思想。

案例2：洛克谈孩子不可忽视的饮食习惯

洛克非常重视孩子的饮食习惯，他在《教育漫话》中提道：奥古斯都是当时世界上一位伟大的君王，据他自己说，他也只是在兵车上随便吃一点干面包而已。塞涅卡在他的第83封信中描述了自己的生活状况。当时他虽然年龄已经很大了，生活舒适一些也无可厚非，但他每天的午餐也只是一块干面包，吃的时候连个坐下的仪式都没有。尽管他很富有，财产不比任何英国人少，假如健康需要他享用丰盛的食物，即使是吃双份，他也完全吃得起。

在这个世界上，不少伟大的人物都是吃这么一点有限的东西长大的，而罗马的年轻绅士也并没有因为每天只吃一顿而感到身体不强壮或是精神不饱满。他们就算偶尔觉得很饿，等不到每天唯一固定的晚餐时间，也不过是吃一点干面包，至多再加一点葡萄之类的小东西充饥而已。在他们看来，这种节制的习惯无论对于健康还是对于事业，都是十分必要的。所以，虽然后来东征胜利，获得了大量的财宝，使当时的社会风气一时流于奢靡，但他们每天一餐的习惯仍然保持不变。其中有些人放弃了粗茶淡饭，开始大吃大喝，但不到黄昏时候也是不开始的。他们觉得，每天吃了一顿饭还要再吃，简直是匪夷所思的事情，所以直到恺撒时代，如果有人在日落之前招待宾客或赴宴席，还是会遭到谴责的。因此，如果大家不认为这种做法过于刻薄，那么我觉得小主人的早餐最好也只吃面包。

习惯的力量是难以想象的，我以为，我们英国人的一大部分疾病就在于肉吃得太多而面包吃得太少。

【思考】洛克所谈到的饮食习惯对你有什么启发？

第四节　贝克莱哲学

【学习目标】

了解贝克莱对科学与宗教的调和；理解贝克莱对物质实体的批判及他对经验论的发展；掌握"物是观念的集合""存在即被感知"；正确评价贝克莱的哲学思想，坚持唯物主义，反对唯心主义。

【学习要点】

1."物是观念的集合"

贝克莱从经验论出发，主张一切知识来源于经验。人们认识事物只有一种途径，那就是通过感官感知它们，而人们所感知到的只能是观念。通过视觉我们获得了颜色的观念，通过听觉我们获得了声音的观念，通过嗅觉我们获得了气味的观念，通过味觉我们获得了味道的观念，通过触觉我们获得了软硬的观念。把这些观念聚集在一起，用一个名称来命名它，这就是所谓的"物"。贝克莱由此得出结论：物就是观念的集合。例如樱桃是由红色、酸味、圆形、软的等感觉观念组合而成。贝克莱这一思想的目的是维护观念的客观实在性，以此来解决心物二元论的难题。

2."存在即被感知"

贝克莱从经验论的立场出发，得出了"物是观念的集合"这一结论。而观念只存在于心灵中，观念只能被心灵所感知。于是由"物是观念的集合"，贝克莱自然而然地就得出了"存在即被感知"的结论，同时也承认了精神实体的存在。

有人把贝克莱的思想理解成一种唯我论：一个事物我感知到它它就存在，感知不到它它就不存在，其实这是对贝克莱的误解。"存在即被感知"中的"存在"，在贝克莱那里是指观念的存在，而不是事物的客观存在。"被感知"，不仅是被"我"的心灵感知，也指被其他所有人的心灵、更重要的是被上帝感知。也就是说，对于一个事物，如果我没有感知到它，并不意味着它就不存在，因为还有别的心灵可以感知它。即使我们都没有感知到它，也不意味着它不存在，因为世界上还有一个无限的心灵即上帝在感知它。

3. "存在即被感知"是否是主观唯心主义

"存在即被感知"中的"存在"，如果仅仅是被"我"（我是主观精神）感知，那么就是主观唯心主义；如果仅仅是被上帝（上帝是客观精神）感知，那么就是客观唯心主义。而在贝克莱看来，"存在即被感知"，既指被"我"感知，也指被其他心灵感知，更指被上帝感知。因此不管把它定性为主观唯心主义或客观唯心主义都是不恰当的，按照其特点可称之为感觉论的唯心主义。

4. 贝克莱的非物质论

洛克承认物质实体，把物质实体看作是观念的来源和依托，但他又认为物质实体是不可知的。在贝克莱看来，洛克本身就是自相矛盾的：一个不可知的东西如何能够断定它是存在的呢？贝克莱进一步指出，人们设定物质实体的原因是为了说明我们观念的来源。但是，观念只能与观念相似，如果物质实体是观念，那么它同样不能脱离心灵而存在；如果它不是观念，就没有资格成为观念的来源。因此，物质实体无论是作为支撑偶性的基质还是观念产生的原因，都是不可能的，也是不必要的。贝克莱认为"物质实体"只是一个抽象的名词，是没有意义的。

5. 贝克莱为什么要否认物质实体

贝克莱之所以要否认物质实体，原因有二：其一是经验论哲学发展的必然结果。贝克莱从经验论立场出发，认为物质实体超出了人的感觉经验，对于它的存在是无法确认的。同时，物质实体不是观念，不能作为观念产生的原因，因而它的存在也是没有必要的。其二，为其宗教信仰辩护，他认为消解了物质实体，无神论也就失去了支撑。

【拓展】为什么说物质实体是无神论天然的盟友？

物质实体的存在解释了观念的来源问题，那么上帝作为观念的来源的必要性就丧失了，也就意味着上帝的存在就没有必要了。

6. 贝克莱对上帝存在的论证

贝克莱哲学的主要目的就是为宗教信仰服务，他从观念产生的原因来证明上帝的存在。在他看来，感觉观念不可能来源于客观的物质，因为物质实体和观念是异质的，它不能作为观念产生的原因；观念也不能是心灵主观的创造，因为心灵的主观构造是任意的，没有恒定性，无法解释为什么观念会作为集合体出现。同时观念作为被感知的存在又必须依赖于某种精神实体，这个精神实体只能是上帝。上帝是伟大的心灵，创造了一个观念的世界。贝克莱从观念产生的原因来证明上帝的存在，他对上帝存在的论证违反了经验论的基本原则。

7. 贝克莱调和科学与宗教

作为一名大主教，贝克莱的哲学虽然最终目的是为信仰服务，但是他并不排斥科学。他认为科学和宗教是两个不同的领域，二者并行不悖，各有其研究的领域和范围。信仰上帝不妨碍我们研究科学，研究科学也不妨碍我们信仰上帝。因此他主张科学不能干涉宗教，宗教信仰也不能否定科学研究的价值。在贝克莱那个时代，实验科学发展迅速，贝克莱鼓励观察和实验，而且他也身体力行，这是值得肯定的。

8. 如何评价贝克莱的哲学思想

贝克莱继承了培根、洛克等人的经验论思想并将经验论进一步深化，他否定了物质实体，提出了"物是观念的集合""存在即被感知"等观点。这些思想看起来很荒谬，与常识相悖，其实蕴含着深刻的哲理，是经验论内在逻辑发展的必然结果。但是，贝克莱哲学归根结底是唯心主义，否认了物质世界的客观实在性，更没有看到实践是观念、知识的唯一来源。

【强化训练】

一、判断题

1. 贝克莱对上帝存在的证明违反了经验论的基本原则。　　　　（　　）

2. 贝克莱为科学划定范围，使之与宗教和平共处。　　　　（　　）

3. "存在即被感知"意味着我感知它它就存在，我不感知它它就不存在。

（　　）

4. 贝克莱认为我们所能知道的只有观念，在观念之外不存在事物。（　　）

5. 贝克莱否定了洛克的物质实体和精神实体。　　　　（　　）

参考答案：

1.√　2.√　3.×　4.√　5.×

二、多选题

1. 下列属于贝克莱的著作的是（　　　）

A.《视觉新论》

B.《论宗教宽容的书信》

C.《海拉斯和斐洛诺斯的三篇对话》

D.《人类知识原理》

2. 贝克莱的哲学思想包括（　　　）

A. 坚持心外有物

B. 观念就是事物

C. 维护事物的客观实在性

D. 提倡科学，鼓励观察和实验

3. 贝克莱认为感觉观念的特点是（　　　）

A. 不能由我们的意志任意加以改变

B. 能由我们的意志任意加以改变

C. 稳定的

D. 有秩序的

4. 贝克莱认为观念的来源不是（　　　）

A. 客观事物　　　　　　　　　　　　B. 个人的心灵

C. 上帝　　　　　　　　　　　D. 其他人的心灵

5. 贝克莱之所以要否认物质实体，原因是（　　　）

A. 物质实体超出了人的感觉经验

B. 为其宗教信仰辩护

C. 物质实体是洛克提出的

D. 物质实体与精神实体对立

参考答案：

1. ACD　2. BD　3. ACD　4. ABD　5. AB

三、简答题

1. 怎样理解"物是观念的集合"？

2. 如何理解"存在即被感知"？

四、论述题

论述贝克莱对经验论的发展及其局限性。

五、材料分析题

"如果我们研究一下最精确的哲学家们所谓物质实体的意义究竟何在，我们就会发现，他们承认他们在那些声音上除了附加一个一般的存在观念并连带一个它支持诸偶性的观念，并未附加什么别的意义。而在我看来，一般的存在观念，乃是最抽象、最不可思议的。"

上述材料体现了哪位哲学家的思想？试运用所学知识加以分析。

【拓展阅读】

案例1：贝克莱挑战牛顿，用高超的数学能力为神学辩护

1734年，贝克莱出版了一本书，书名长到令人发指：《分析学家；或一篇致一位不信神数学家的论文，其中审查一下近代分析学的对象、原则及论断是不是比宗教的神秘、信仰的要点有更清晰的表达，或更明显的推理》。

此书一出版就成了伦敦上流社交圈的讨论热点，因为再不学无术的贵族都能从题目看出作者的目的——对一位逝者（指牛顿）的攻击，"分析学家"或"数学家"以及"近代分析学"就是这位逝者与他的"流数术"（即微积

分）。

已经过世的牛顿收到了贝克莱主教杀气腾腾的挑衅：

"亲爱的牛顿，请你诚恳地告诉我，如果你还残存对信仰的敬畏。你那自鸣得意的'瞬'，究竟是何方神圣？它飘然而来，因为要作你的分母；它离奇而逝，因为要成全你的流数。你不需要它，就判处它死刑；你需要它，又召唤出它的亡灵。"

贝克莱针对牛顿的微积分理论发动攻击，提出了"无穷小量是否是零"这个问题，使微积分理论陷入了逻辑悖论，数学史上称其为"贝克莱悖论"。因为他的攻击，微积分作为科学领域的新型武器受到了严重质疑。"贝克莱悖论"的影响堪比毕达哥拉斯学派门人希帕索斯发现无理数引发的第一次数学危机。"贝克莱悖论"引发了"第二次数学危机"，无数数学家被卷入其中，首当其冲的就是牛顿。此役之后，神学的地位得到了维护。

案例2：狄德罗对贝克莱的批判

1749年，狄德罗发表了著名的《论盲人书简》，强调知识来源于感觉，感觉是外部世界作用于感官的结果。他对唯心主义者特别是贝克莱进行无情的抨击，给他们勾出一幅画像："我们称为唯心主义者的，是这些哲学家：他们只意识到自己的存在，以及那些在他们自己的内部相继出现的感觉，而不承认别的东西；这种狂妄的体系，在我看来，只有在瞎子那里才能产生出来；这种体系，说来真是人心和哲学的耻辱，虽然荒谬绝伦，可是最难驳斥。"

【思考】为什么贝克莱的观点很难被驳倒？怎样驳倒贝克莱的观点？

【参考答案】贝克莱的观点之所以难被驳倒是因为反驳他的人是站在常识的观点上，而常识的观点往往凭借感觉，缺乏理论的论证；而贝克莱的经验论哲学是通过反思和论证的，这一点是常识的观点无法比拟的。只有站在辩证唯物主义认识论的立场上，用实践的观点才能驳倒贝克莱的观点，因为实践是一切认识发生的基础。

第五节 休谟哲学

【学习目标】

了解休谟对理性神学的批判；理解休谟的实体不可知论；掌握休谟的印象与观念、"人性科学"的两条基本原则、两类知识及因果观；深刻理解休谟的怀疑论是英国经验论的逻辑终局。

【学习要点】

1. 印象与观念的区分

休谟继承了洛克的经验论思想，并将洛克的"观念"表述为"知觉"，知识的对象就是知觉。休谟根据知觉呈现的方式不同，将其分为印象和观念。

印象是指当下直接感知的比较生动的知觉，包括"听见、看见、触到、爱好、厌恶或欲求时的知觉"。印象分为外感觉和内感觉，外感觉是指直接感受到的色香味等；内感觉是指人当下的内心情感。印象又分为简单印象和复杂印象，简单印象是不可再分的，复杂印象是可以再分的。

观念在休谟那里是指印象在心中的摹本，在记忆和想象中的再现。休谟也将观念分为简单观念和复杂观念。简单观念直接摹写简单印象；复杂观念或是来自对复杂印象的摹写，或是来自对简单观念的排列和组合。

按照休谟的理解，印象与观念的差别在于强烈和生动程度不同。"进入心灵时最强最猛的那些知觉，我们可以称之为印象"，观念是"我们的感觉、情感和情绪在思维和推理中的微弱的意象"。

2. 在知识的来源问题上，休谟与洛克有什么不同

洛克主张双重经验论，将感觉和反省都作为知识的来源。休谟主张一切观念都来源于感觉印象，取消了洛克的双重经验，坚持知识起源于感觉。

3. "人性科学"的两条基本原则

在印象和观念的基础上，休谟提出了"人性科学"的两条基本原则。第

一条是印象在先原则。强调"一切知识来源于感觉""观念是印象的摹本"，这是经验论的基本原则。第二条是想象自由原则。观念虽然源于印象，但在心中可以自由地结合，从而产生出印象中所没有的东西。例如，"会飞的马"是把已知的"会飞"与"马"两个观念结合在一起。休谟认为，虽然心灵能够自由地组合观念，但是这种自由组合不能创造出现实中没有的观念。也就是说观念无论多么荒谬，都可以在印象中找到原型和根据。于是休谟以"感觉印象"作为衡量知识的标准。考察一个哲学名词是否有意义，只需考察它是由什么印象得来的，如果在印象中找不到它的来源，那就说明它是没有意义的。

4. 实体不可知论

从经验论出发，休谟质疑物质实体的存在。唯物主义者主张知觉是对物质世界的表象，休谟认为这是毫无根据的。首先，心与物是两个完全不同的实体，无法比较，也就无法断定心中的观念是不是对外物的表象。其次，"物质实体""外部世界"都是一些抽象的观念，在现实中没有与它们相对应的感觉印象。最后，事物的两种性质都只存在于心中，如果剥去了"物质"的所有属性，剩下来的就只是"一种不可知、不可解的东西，作为我们知识的原因"。在休谟看来，我们的知识最终还原为感觉印象，至于这些印象有没有载体，我们是不知道的。

休谟也质疑精神实体的存在。在他看来，唯心主义者将感觉的来源归结为心灵或是上帝也是没有根据的。因为不管是"上帝"，还是"自我"，同"物质"一样，都超出了我们的感觉经验，都还原不到感觉印象，对于它们的存在与否，在认识论领域我们是没有发言权的。

总之，在休谟看来，不管是物质实体还是精神实体，都超出了经验的范围，都是不可知的。即在感觉的来源问题上，休谟持存疑态度，坚持不可知论。这种观点被称为"温和的怀疑论"或"不可知论"。当然，休谟首先是经验主义者，然后才是怀疑论者和不可知论者。

5. 休谟的怀疑论与希腊晚期的怀疑论有什么不同

休谟只是对感觉的来源问题持存疑态度，他的目的是为人的理智划定界限，不让它超出经验的范围。休谟的怀疑只局限在思辨领域，他认为生活和实践是医治怀疑论最好的药。而希腊的怀疑主义者皮浪则主张世界上的一切都是需要怀疑的，怀疑的结果就是世界上的一切都不要相信。他认为我们不能从客观世界中得到任何正确的认识，主张中止对一切问题的判断。

6. 为什么罗素称休谟是经验论的"逻辑终局"

经验论发展的内在逻辑：

培根是朴素的唯物主义者，他没有意识到承认感觉经验之外的客观世界存在与经验论的基本原则"一切知识源于感觉经验"之间的内在矛盾。

霍布斯意识到了培根哲学的矛盾，他对实体作了唯名论解释：实体没有确切的内涵，无法证实它的存在，只是推理的结果。

洛克继承并发展了霍布斯的思想，他认为感觉经验需要来源，观念也需要依托和基质，因此我们必需假定实体的存在。他把物质实体假定为感觉经验的来源，物质实体是感觉观念的依托；把精神实体假定为反省经验的来源，精神实体是反省观念的依托。洛克既坚持两个实体是存在的，又认为实体不可知，这本身就自相矛盾。

贝克莱抓住了洛克哲学中的矛盾，否定了物质实体。但他也认为观念需要一个来源，这个来源只能是精神实体，即上帝。

由此可以看出，从培根、到霍布斯、洛克和贝克莱，他们的哲学思想一步步深化，但是都没有将经验论基本原则贯彻到底，都或多或少地保留了经验之外的实体。休谟作为一名彻底的经验论者，不但质疑经验之外的物质实体，也质疑精神实体，最终走向了不可知论，也走向了死胡同。

7. 休谟对两类知识的区分

休谟把人类知识的对象分为两类："观念的关系"和"实际的事情"。与此相应，知识也分为两类：关于观念的知识与关于事实的知识。

关于观念的知识是指证明的知识，主要是数学知识。这类知识是自明的，只关系到观念自身的关系而与外部事物无关，因而是"必然的知识"。实际上这类知识就是唯理论从某个公理或定理出发，通过逻辑推演获得的知识，它的确具有普遍必然性，但是没有经验的内容。

关于事实的知识需要根据观念关系之外的经验作出判断，如自然科学、自然哲学、历史学等。这类知识与经验相关，因而是"或然的知识"。关于事实的知识建立在经验的基础之上，虽然它能扩大知识的范围，对生活起作用，但它的结论不具有普遍必然性。

不管是经验论还是唯理论，都追求普遍必然性的知识。但休谟关于两类知识的区分告诉我们，唯理论虽然能够获得普遍必然性的知识，但这类知识与人的经验、人的生活无关，只局限在思想的范围内。经验论能够获得新知识，这类知识对生活也有指导作用，但是不具有普遍必然性。休谟不仅宣告了经验论的破产，也打断了唯理论独断主义的迷梦。

8. 休谟的因果观

在17、18世纪，因果关系通常被看作是自然界中最普遍的客观规律。休谟从经验论出发，认为既然一切知识都源于感觉经验，没有根据把因果关系推溯到感觉之外。

休谟考察了因果关系的来源，他认为因果关系不可能通过理性发现得来。因为每个结果都与它的原因是不一样的事情，不可能由果溯因，也不可能由因推果。因果之间的必然联系也不可能通过经验获得。因为经验只对过去有效，不能从过去推断未来、从已知推断未知、从个别推论一般，即归纳的合理性问题在逻辑上得不到证明。

因果关系既不能通过理性发现，也没有经验的依据，因果观念从何而来呢？休谟认为，尽管经验不能提供因果之间必然联系的证明，但是它们能够以一定的方式影响我们的心灵。当我们经常性地经验到事件A之后总有事件B相随时，我们就对事件A与事件B之间产生了某种习惯性的联想，这就是所谓"必然联系"观念的来源。休谟将因果联系归结为人的习惯性的主观联想，否认了因果联系的客观性和必然性。

休谟指出习惯是人生的伟大指南。根据休谟的经验论，假如没有习惯的影响，我们除了一束不知从哪里来、也不知道是什么的知觉的集合，对于其他的事物一无所知。所以必须依靠习惯。

休谟的因果观，对后世有深远的影响，它启发康德建立了先验论的因果观，因果关系直到今天仍然是西方哲学和科学研究的重要课题。

【拓展】休谟将因果关系归结为人的习惯性的主观联想，否认了因果联系的客观性和必然性。这种思想也不是休谟的一家之言。在休谟之后，康德提出"人的知性为自然立法"的思想，罗素也发出"到底自然界是有规律的还是人是喜欢秩序的动物"的疑问。

9. 休谟对理性神学的批判

休谟从经验论出发，批判了用理性来证明上帝的神学。在他看来，知识最终都可以还原为简单印象，而对于上帝，我们没有简单印象。因此在认识论领域，我们对上帝是一无所知的。

休谟批判了当时上帝存在的设计论（目的论）证明。目的论者认为"就像手表的存在能够证明其背后有一个聪明的头脑一样，宇宙和宇宙万象的存在也可以证明一个更加智慧的存在，我们称之为GOD"。休谟反驳说这种目的论证明是不合理的，它遵循的是由果推因，从手表推出匠人是相称的，但是从自然推出神（上帝）就未必相称，因为神超出了人的经验范围。休谟也批判了上帝存在的宇宙论证明。宇宙论证明是建立在因果关系之上的，而因果关系本身缺乏客观性和必然性，只是习惯性联想的结果，因此它不能作为宇宙论证明的依据。休谟指出，上帝存在只能通过经验验证，而不能运用逻辑推理。

【强化训练】

一、判断题

1. 休谟是不彻底的经验论者。 （   ）
2. 休谟的怀疑论是"温和的怀疑论"。 （   ）
3. 休谟否认因果关系的客观性，将因果联系看作是心理习惯的产物。

（   ）

4. 休谟认为只有怀疑主义者才是真正配得上神恩的人。 （   ）
5. 根据休谟的思想，"有德性的马"这个词没有意义。 （   ）

参考答案：

1. ×　2. √　3. √　4. √　5. ×

二、多选题

1. 下列属于休谟著作的有（   ）

A.《人类理智论》　　　　　　B.《人类理解研究》

C.《人性论》　　　　　　　　D.《宗教的自然史》

2.关于休谟的感觉经验的来源问题，下列说法错误的有（   ）

A.经验来源于客观事物

B.经验是由心灵创造的

C.经验是从造物主那里得来的

D.经验的来源是不可知的

3.关于休谟的宗教思想，下列说法正确的有（   ）

A.休谟反对神迹

B.休谟怀疑用理性去证明上帝

C.休谟将宗教信仰建立在个人良知和情感之上

D.休谟是无神论者

4.休谟根据知觉呈现的方式不同，将其分为哪两类？（   ）

A.印象   B.观念

C.感性认识   D.理性认识

5.休谟认为"或然的知识"包括（   ）

A.自然科学   B.自然哲学

C.数学   D.历史学

参考答案：

1.BCD   2.ABC   3.ABC   4.AB   5.ABD

三、简答题

1.简述休谟对洛克物质实体的批判。

2.简述休谟的两类知识。

四、论述题

1.为什么说休谟的不可知论是经验论发展的必然结果？

2.论述休谟的因果观。

五、材料分析题

休谟说："当我亲切地体会我所谓我自己时，我总是碰到这个或那个特殊的知觉，如冷或热、明或暗、爱或恨、痛苦或快乐等等的知觉。任何时候，我总不能抓住一个没有知觉的我自己，而且我也不能观察到任何事物，只能观察到一个知觉。当我的知觉在一个时期内失去的时候，例如在酣睡中，那么在那个时期内我便觉察不到我自己，因而真正可以说是不存在的。"

上述材料体现了什么哲学思想？试运用所学知识加以分析。

【拓展阅读】

案例1：休谟的宗教观

休谟在《自然宗教对话录》中写道："真正体会到自然理性的缺陷的人，会以极大的热心趋向天启的真理；而傲慢的独断论者，坚信他能仅凭借哲学之助而创立一套完全的神学系统，不屑去获得任何更多的帮助，也摈弃了这个天外飞来的教导者。在学术人士之中，做一个哲学上的怀疑主义者是做一个健全的、虔信的基督教徒的第一步和最重要的一步。"

休谟对于宗教的功用和坏处有着独到的见解："作者常常提到因滥用宗教而产生的诸多不幸，而与之相较，作者很少言及由真正的虔敬所产生的高贵后果。但这根本算不上是冒渎宗教。因为宗教的真正职责在于改良人生，净化心灵，强使人们履行所有的道德义务，并确保人们对法律和行政长官的服从。在追求这些有益的目的时，宗教所发挥的作用尽管价值无量，但却是潜移默化、秘而不宣的，很少载诸史册。而唯有败坏了的宗教才能够在世界的公开舞台上大放光彩，它激起党争，煽动骚乱，并促发反叛。"

【思考】休谟是无神论者吗？

【参考答案】休谟不是无神论者，他不是怀疑上帝本身，而是怀疑用理性去证明上帝。他将宗教信仰的根基建立在个人的良知和情感之上，认为只有怀疑主义者才是真正配得上神恩的人。

案例2：休谟与卢梭的恩怨

大卫·休谟是18世纪英国著名的哲学家、历史学家，让-雅克·卢梭是18世纪法国伟大的启蒙思想家、哲学家。休谟生性豁达、宽厚温和，有着"好人大卫"的美誉；卢梭极度敏感、近乎偏执。这两位性格迥异的哲学家在18世纪60年代上演了一个从惺惺相惜到猜忌、最终决裂的故事，不免让后人嘘唏。

18世纪60年代，卢梭因出版《社会契约论》《爱弥儿》等著作，被法国和瑞士宗教当局谴责，被迫四处流浪。通过朋友的介绍，休谟答应为卢梭提供帮助，卢梭也给休谟回信表示愿意接受休谟的帮助并表达了谢意。于是，在1765年12月，卢梭前往英国与休谟相见。一开始，两位哲学家都被对方所吸引。休谟在给友人的信中表达了对卢梭的热忱："在交往的过程中，我发现卢梭和蔼、温顺、谦恭而又不失幽默，与法国的任何文人相比，其行为举止都要更为世故老练。"卢梭则称"在我所认识的人中，休谟先生是一位真正的哲学家，也是唯一一位在写作时不带任何偏见、公正无私的历史学家"。

然而好景不长，两位哲学家很快因误会而相互猜忌。引起误会的都是一些小事。休谟在为卢梭安排住处的时候，为了替卢梭节省费用，他把特意安排的车说成是顺风车。这本是一个善意的谎言，完全是为卢梭着想，但卢梭却因为休谟撒谎而对其生疑。休谟托朋友关系从英王那里为卢梭申请了年金，可是卢梭没有当下决定是否接受，从而引起休谟的不满。

在两人之后的相处中，这些误会不仅没有消除，反而不断扩大。1766年1月，在去往伦敦的路上，卢梭声称他听到了休谟用法语在睡梦中高喊自己抓到了卢梭，他对休谟的猜疑加深。到达伦敦后，两人之间的嫌隙越来越大。到了3月份，卢梭确信休谟在编织一个针对他的大阴谋，并写信痛斥休谟，宣称休谟帮助他不过是为了从英王那里获得年金并让卢梭背上友情债务、休谟还私拆他的信件等等。休谟对这些指控感到愤怒，他为此专门整理了和卢梭之间的往来信件，完成了反击卢梭的小册子，并以《对大卫·休谟与让-雅克·卢梭之间纷争的一种详细的说明》为名，分别以法文和英文在法国和英国出版。这给卢梭带来了沉重的打击。1767年5月，卢梭离开英国。卢梭与休谟的关系就这样以悲剧收场。

第四章
唯理论哲学

第一节　笛卡尔哲学

【学习目标】

了解笛卡尔作为近代哲学开创者的重要地位；理解笛卡尔的普遍怀疑、我思故我在；掌握笛卡尔的天赋观念、关于上帝存在的证明及心物二元论；正确认识笛卡尔的身心交感论。

【学习要点】

1. 唯理论哲学的产生

唯理论哲学产生于17、18世纪的欧洲大陆。当时欧洲除了新兴的荷兰，其他国家在经济、政治、科学、文化等方面都不如英国。在这种背景下欧洲大陆哲学受经院哲学影响较大，推崇理性演绎法，注重构造哲学体系，对经验生活不感兴趣，更多的带有形而上学和思辨气息。它们往往从不证自明的天赋观念出发，通过理性演绎法来建立整个知识大厦。唯理论哲学的代表人物有笛卡尔、斯宾诺莎和莱布尼茨。

2. 笛卡尔的方法论

笛卡尔认为哲学的变革需要方法的革新，为了重建形而上学、恢复理性的地位，他综合了逻辑学、几何学和数学这三门学科的优点，提出了理性演绎法。

笛卡尔的理性演绎法主张从不证自明的公理出发，遵循严格的逻辑推理，一步步推演出命题，进而形成完整的知识体系。这种方法只要推理的大前提即公理是清楚明白、无可置疑的，结论就一定具有普遍必然性。因此寻找清楚明白、无可置疑的公理，就成了笛卡尔理性演绎法的关键。从笛卡尔开始，应用几何学方法构造哲学体系，就成了唯理论哲学家的理想。这一理想在笛卡尔那里并没有实现，他的后继者斯宾诺莎完成了这一构想。

3. 笛卡尔的天赋观念

"天赋观念"是笛卡尔哲学乃至唯理论哲学的基础。笛卡尔根据观念的来源不同，把观念分为三类：天赋的观念、外来的观念和自己制造的观念。外来的观念也就是感觉观念，是人们通过感官感知获得的。自己制造的观念即虚构的观念，是借助想象获得的。想象的观念是完全虚构的，因而是不可靠的。感觉观念虽然不是完全虚假的，但也是靠不住的。只有天赋观念是出于纯粹理智，是可靠的，因而作为理性演绎的前提只能是天赋观念。从天赋观念出发，通过严格的理性演绎，我们就可以获得具有普遍必然性的知识。

笛卡尔的"天赋观念论"是一个不断修正、发展的过程。他一开始主张天赋观念直接呈现说，即认为天赋观念直接呈现在人的心灵中。这种观点在当时就受到许多哲学家如伽森狄和霍布斯等人的批判，于是笛卡尔又提出了天赋能力潜存说来加以修正。天赋能力潜存说主张没有天赋的观念，只有天赋的能力，天赋观念实际上是一种潜存的能力，需要经验的诱发才能产生观念。

【拓展】在中国的语境中，一提到"观念"，人们就将之等同于主观观念，认为观念一定是主观自生的。但在西方哲学史上，"观念"在很多哲学家那里是客观的。如柏拉图的"理念"、黑格尔的"绝对精神"、笛卡尔的"天赋观念"也不例外，都是指客观的观念，不以人的意志为转移的观念。

4. 笛卡尔的普遍怀疑

在《谈谈方法》一书中，笛卡尔对早年所学的各种知识进行了一次普遍的和彻底的怀疑，以此来寻找清楚明白、无可置疑的知识作为哲学的出发点。

首先，感觉经验应该受到怀疑。对于同一个事物，感觉一会儿告诉我这样，一会儿告诉我那样。很显然它是不可靠的。其次，我的身体也应该受到怀疑。笛卡尔举例说他曾经多次梦到自己在火炉边看书，醒来后却发现自己躺在床上，可见身体也会欺骗我们。笛卡尔甚至认为他心爱的数学也是可疑的，因为人们在推理论证时经常会犯错误，而且创造世界的上帝也可能是个骗子，他有意让我们上当。不仅如此，甚至设想上帝并不存在也是允许的，因为没有人见过上帝。总之，我们可以怀疑外部事物、自己的身体、数学观念、上帝。一言以蔽之，以往我们所确知的一切可能都是虚幻的。

当我们怀疑一切的时候，却表明了"我在怀疑"本身是无可置疑的。因为我对"我在怀疑"的怀疑恰恰证实了我在怀疑的真实性。怀疑也是一种思想，因而"我在思想"也是无可置疑的。思想必然有一个思想者，笛卡尔由此得出"我思故我在"。

5. 笛卡尔的普遍怀疑与古希腊的怀疑主义有什么不同

笛卡尔不是为了怀疑而怀疑，怀疑本身不是目的，而是手段。他正是通过普遍怀疑去寻找那些不可怀疑的东西。同时，他将怀疑限制在思想的范围内，在实践方面他却明确表示要"服从我国的法律和习俗，笃守我靠神保佑从小就领受的宗教""只求改变自己的愿望，不求改变世间的秩序"。

而古代的怀疑主义是对一切原则都持否定态度，而且是行动上的否定。他们主张"不发表任何意见""不作任何判断"，以此来寻求心灵的宁静。

6. 笛卡尔的"我思故我在"

通过普遍怀疑，笛卡尔顺理成章地得出了"我思故我在"。"我"是一个精神、一个理智或一个理性，"我"的本质是"思想"。"我思"是指"思想活动"，包括一切意识活动，不管是理性的、感性的，还是情感的，都属于"我思"。"我在"是一个心灵实体，笛卡尔直接由思维活动得出"我"（实体）的存在。

为了维护这一命题的自明性，笛卡尔强调"我思故我在"并不是推论而是一个直观到的真理，但是他没有说明如何由"我思"到"我在"的跳跃，受到了后来很多哲学家的批判。当然这不能掩盖"我思"划时代的意义，笛卡尔之后的唯理论、经验论乃至康德哲学都受到这种思想的影响。

7. 笛卡尔关于上帝存在的证明

笛卡尔关于上帝存在的证明如下："我"是不完满的；"我"之所以知道自己不完满是因为我心中有一个完满的东西（上帝）的观念；这个观念既不是来自对外物的感知（因为外部事物被怀疑掉了），也不能是自我的杜撰（因为自我是不完满的，不可能杜撰完满的上帝观念）；这个观念只能是被一个客观存在的完满的东西（上帝）先验地放进我心中的；一个完满的东西必然包括存在，因而上帝是客观存在的。

笛卡尔证明上帝存在的目的有两个：一是通过上帝来保证"清楚明白"的真理标准的可靠性，从而使一切来自上帝的"天赋观念"具有不可怀疑的真理性，这是从认识论角度而言。二是通过上帝来重建已经被怀疑掉的外部世界，从而使一个广阔的心物二元论世界得以建立，这是从本体论角度来说的。

8. 笛卡尔一方面从"我思"出发来论证上帝的存在，另一方面又通过上帝来保证"我思故我在"的自明性，这是不是循环论证

二者并不矛盾，也不是循环论证。笛卡尔从"我思"出发来论证上帝存在，这是认识论角度。即在认识论上，通过普遍的怀疑，唯一能确定的就是"我思"，而"我"又是不完满的，从"我"的不完满一步步推出上帝的存在。而上帝保证天赋观念的自明性则是从本体论角度来说的。在本体论上，先有全知全能全善的上帝，才有"我思故我在"的不证自明、无可置疑。

9. 笛卡尔的心物二元论

笛卡尔认为上帝是一个绝对实体，他是自因的、无限完满的。上帝的存在一方面保证了精神世界（观念体系）的清楚明白，另一方面也保证了物质世界的客观存在，而且他还保证了两个世界之间的相互独立性。由此笛卡尔提出心物二元论：物质和精神是两个相对实体，它们只依靠上帝而不依靠其他东西存在。物质实体的唯一本质属性是广延，遵循自然规律而运动；精神实体的唯一本质属性是思维，根据自由意志而活动。物质无思维，精神无广延。二者彼此独立，互不干涉，构成两个相互独立的世界本原。

心物二元论是唯理论哲学的必然要求：知识可以不通过经验，仅靠纯粹的逻辑推演出来，与外部世界无关，所以心与物之间是不发生关系的。

10. 笛卡尔的身心交感论

笛卡尔的心物二元论表现在人身上就是身体和心灵彼此独立，不发生相互作用，但这与事实明显不相符。为了说明身心协调一致的问题，笛卡尔又提出了身心交感论。他仔细研究了人体解剖学和生理学，找到了大脑中间被称之为松果腺的腺体，认为它就是心灵与身体这两个运动过程的交换台。现代医学已经否定了笛卡尔的松果腺原理，但是他试图摆脱心物二元论困境的努力是有意义的。

【拓展】伽桑狄批判了笛卡尔的身心交感说：松果腺作为身体和心灵的交换台，它是心还是物？假设它是心灵的存在，心灵无广延，它在哪里存在？假设它是物体的存在，它又如何与不同质的心灵发生关系？可见，身心交感说自身就存在着矛盾。

【强化训练】

一、单选题

1. 笛卡尔要证明上帝的存在，很重要的原因是通过上帝存在，来确认（　　）存在。

A. 自然天空 　　　　　　　B. 内部世界

C. 外部世界 　　　　　　　D. 自我

2. （　　）是17世纪欧洲哲学界和科学界最有影响的巨匠之一，被誉为"近代科学的始祖"。

A. 培根 　　　　　　　　　B. 笛卡尔

C. 康德 　　　　　　　　　D. 贝克莱

3. 根据笛卡尔的观点，以下哪一选项是不被怀疑的？（　　）

A. 几何学 　　　　　　　　B. 上帝

C. 直观感受 　　　　　　　D. 怀疑本身

4. 笛卡尔认为（　　）是心灵与身体这两个运动过程的交换台。

A. 大脑 　　　　　　　　　B. 小脑

C. 松果腺 　　　　　　　　D. 小额

5. 笛卡尔把（　　　）看成是物体的唯一的本质属性。

A. 客观实在性 　　　　　　　　　B. 广延

C. 运动 　　　　　　　　　　　　D. 可感知性

参考答案：

1. C　2. B　3. D　4. C　5. B

二、多选题

1. 唯理论的代表人物有（　　　）

A. 休谟 　　　　　　　　　　　　B. 笛卡尔

C. 斯宾诺莎 　　　　　　　　　　D. 莱布尼茨

2. 构成笛卡尔形而上学体系的原理有（　　　）

A. 我思故我在 　　　　　　　　　B. 上帝存在

C. 物质世界存在 　　　　　　　　D. 重视经验的作用

3. 笛卡尔的著作有（　　　）

A.《哲学原理》　　　　　　　　　B.《第一哲学沉思集》

C.《方法论》　　　　　　　　　　D.《论世界》

4. 笛卡尔怀疑（　　　）

A. 感觉经验 　　　　　　　　　　B. 身体

C. 数学 　　　　　　　　　　　　D. 上帝

5. 笛卡尔将观念分为（　　　）

A. 外来观念 　　　　　　　　　　B. 虚构观念

C. 天赋观念 　　　　　　　　　　D. 数学观念

参考答案：

1. BCD　2. ABC　3. ABCD　4. ABCD　5. ABC

三、简答题

1. 简述笛卡尔的"我思故我在"。

2. 简述笛卡尔的心物二元论。

四、论述题

论述笛卡尔关于上帝存在的证明。

五、材料分析题

"由于很久以来我就感觉到我自从幼年时期起就把一大堆错误的见解当作真实的接受了过来，而从那时以后我根据一些非常靠不住的原则建立起来的东西都不能不是十分可疑、十分不可靠的，因此我认为，如果我想要在科学上建立起某种坚定可靠、经久不变的东西的话，我就非在我有生之日认真地把我历来信以为真的一切见解统统清除出去，再从根本上重新开始不可。"

上述材料体现了哪位哲学家的思想？试运用所学知识加以分析。

【拓展阅读】

案例1：笛卡尔直角坐标系的建立

笛卡尔不仅是法国著名的哲学家，唯理论的创始人，而且还是数学家，直角坐标系就是由他创建的。

笛卡尔从小家境比较富裕，大学毕业后他不急着找工作，而是到欧洲各国游历。一年多之后，他厌倦了游历生活，于1618年加入了荷兰的军队。在军队服役期间，笛卡尔不热衷于打仗，而是终日沉迷于数学和哲学问题中。

1619年11月的一天，笛卡尔生病了，按照医生的要求卧床休息，但他的头脑没有休息。他反复在思考一个问题：如何把几何中的"点"与数学中的"数"联系起来，即怎样用代数中的几个数表示几何中的点。这时，一只在屋顶的蜘蛛引起了他的注意。蜘蛛顺着丝一会儿爬上去，一会儿又爬下来，顺着吐丝的方向在空中移动。蜘蛛的"行为"激发了笛卡尔的灵感，他豁然开朗：如果把蜘蛛看作是一个点，它上、下、左、右移动，能不能用一组数来确定蜘蛛的每个位置呢。他进而想到，相邻的两面墙与地面交出了三条线，可以当作三根数轴，那么空间中任意一点的位置，都可以用这三根数轴上三个有顺序的数来表示。反之，任意一组三个有顺序的数，都可以用空间中的一个点来表示。这样，就把几何中的"点"与数学中的"数"联系起来了，可以用数学方法来解决几何问题了。

于是在蜘蛛的启示下，笛卡尔创建了直角坐标系，并在直角坐标系的基础上，创造了用代数方法来研究几何图形的数学分支——解析几何。

【思考】你知道日常生活中哪些方面运用了坐标方法吗？

【参考答案】象棋中棋子的定位、体育馆的看台、火车车厢的座位等都用到坐标方法。

案例2：对笛卡尔"我思故我在"命题的反驳

笛卡尔"我思故我在"的命题提出后，遭到了很多人的反驳。

霍布斯反驳说："'我是一个在思维的东西'。说得非常好，因为从我思维或从我有一个观念，可以推论出我是有思维的，因为我思维和我是在思维的，二者是一个意思。从我是在思维的，得出我存在；因为思维的东西并非什么都不是。不过，我们的著者在这里加上了'也就是说，一个精神，一个灵魂，一个理智，一个理性'，从这里就（给我）产生出来一个怀疑。因为我认为：说我是在思维的，因而我是一个思维，或者说，我是有理智的，因而我是一个理智，这样的推理是不正确的。因为我也可以用同样的推理说，我是在散步，因而我是一个散步。"对此笛卡尔答辩说，"我散步"有可能是梦境中的幻象，所以那个在散步的我也许并不存在。相反，只有当我怀疑"我在散步"的真实性时，才能得出"我在"。

伽森狄反驳说："你接着说，只有思维是同你分不开的。这却不能否认你，主要因为你只是一个精神，而在灵魂的实体和你的实体之间，除了在经院里大家所说的那种理性的区别之外，你不承认有其他区别。不过，我还犹疑，不知道当你说思维是同你分不开的时候，你的意思是否是说：只要你存在，你就一直不停地思维。当然在这一点上是和某些古代思想家的思想是有很大的共同之处的，他们为了证明人的灵魂不灭，说灵魂是在一种不断地运动状态中，即，按照我的理解，它一直在思维。可是对于不能懂得我怎么可能在昏睡状态中思维，怎么可能在你母亲的肚子里思维的那些人，却不好说服。再说，我不知道是否你认为早在你母亲肚子里的时候，或者在你从你母亲的肚子里出来的时候，你已经被渗透到你的肉体里，或渗透到你的肉体的某一部分里去了。不过我不想再进一步追问你，甚至也不想问你，当你还在你母亲肚子里的时候，或刚出来的头几天，或头个月，或头几年，你是否还记得你都思维了些什么？"

康德认为"我思"固然要预设一个"我"，但这个"我"仅仅是"思"的逻辑前提，丝毫不意味着"我"在时空中现实的存在。笛卡尔错误地把先验的逻辑必然性当作了经验事实的必然性。

【思考】如何评价笛卡尔的"我思故我在"？

【参考答案】笛卡尔从思维得出存在，不仅在逻辑上说不通，而且颠倒了思维与存在的关系，是典型的唯心主义。但"我思故我在"也强调了人的主体性，这是值得肯定的。

第二节　斯宾诺莎哲学

【学习目标】

了解斯宾诺莎的哲学体系；理解斯宾诺莎关于知识的分类及真观念；掌握斯宾诺莎的实体、属性、样式及其伦理学思想；学习斯宾诺莎勇于追求真理、坚持真理的勇气和精神。

【学习要点】

1. 斯宾诺莎的哲学体系

斯宾诺莎的哲学体系由本体论、认识论和伦理学三个部分组成。其中本体论是基础，认识论是手段，伦理学是最高的目的。斯宾诺莎哲学的目的是达到道德上的至善，其哲学具有浓厚的伦理学色彩，他的哲学代表作是《伦理学》。

2. 斯宾诺莎的实体

斯宾诺莎的本体论包括实体、属性和样式。

"实体（substantia），我理解为在自身内并通过自身而被认识的东西。换言之，形成实体的概念，可以无须借助于他物的概念。"从这个定义出发，他对实体作了进一步的说明：实体是自因的、无限的、唯一的、不可分的。

斯宾诺莎称实体为神或自然。他所谓的神不是宗教神学意义上的人格神，"神（Deus），我理解为绝对无限的存在，亦即具有无限'多'属性的实体，其中每一属性各表示永恒无限的本质。"在他看来，神与实体是一回事。

斯宾诺莎的自然也不是我们通常所指的客观存在的自然界。"我在这里所谓'自然'的意义，不仅指物质及其分殊，而且也指物质之外的另一种无限的东西"。"另一种无限的东西"指的是思想及其分殊。斯宾诺莎的自然，有两层意思：一是指物质和思想，二是指物质的分殊和思想的分殊，即物质和思想的具体存在样式。

【拓展】斯宾诺莎认为神是自然万物存在的原因，"一切存在的东西都在神之内"，这种思想被称为泛神论。泛神论很容易被看成是无神论，这也是他生前死后饱受迫害的一个原因。但实际上，斯宾诺莎不是无神论者。

3. 斯宾诺莎的属性

"属性（attributus），我理解为由知性看来是构成实体的本质的东西。""属性"就是实体的本质。因为实体是无限的，它的属性也是无限多的。但就人的认识能力而言，我们只能认识两种属性：思维和广延。思维和广延在笛卡尔那里是两个相对实体，斯宾诺莎将二者变为实体的两个属性，其目的是要克服笛卡尔的心物二元论。一方面，思维与广延是同一个实体的两个属性，因而两者是同一的，反映的是同一个实体。另一方面，由于两者性质不同，所以又是相互独立、互不限制的。物体不能限制思想，思想也不能限制物体。斯宾诺莎的上述观点被称为"心物平行论"或"心物两面论"。

斯宾诺莎以实体一元论来克服笛卡尔的心物二元论，相比于笛卡尔的思维与广延只有对立而没有同一性来说，他的解决方案更合理一些，对思维与广延关系的理解也更全面。但是由于他始终坚持不同性质的东西不能相互作用、相互影响，因而思维与广延的关系并没有得到彻底解决，他的思想仍然存在着二元论的残余。

4. 斯宾诺莎的样式

"样式（modus），我理解为实体的分殊，亦即在他物内通过他物而被认知的东西。"样式是指实体的存在样态。实体（自然）既包括物质也包括思想，与此相对应，样式既包括属于广延属性的样式如一切具有广延的个别事物，也包括属于思维属性的样式如个别的思想、情绪、情感等，即样式是具体的事物和具体的思想。

因为样式是在他物内通过他物而被认识的，因此任何事物的存在都有其原因，原因也有其原因，不存在没有原因的事物。因而万事万物都是必然的，没有偶然性。斯宾诺莎的自然观只承认必然性，否认偶然性，也因此被认为是决定论甚至是宿命论。但这又是他思想发展的必然结果，既然一切事物都遵循自然之神圣的必然性，都是神圣必然性的表现样态，偶然性当然也就不存在了。

5. 斯宾诺莎关于知识的分类

在《知性改进论》中，斯宾诺莎把知识分为四类。一是由传闻或任意的名称得来的知识。这类知识是没有确定性的，不是真知识。二是由经验得来的知识。这类知识也没有确定性和必然性，也不是真知识。三是由推理得来的知识。这种知识虽然有较大的确定性，可以被归为真知识之列，但仍不是完善的知识。四是由对一件事物的本质认识而得来的知识。这种知识能够洞察事物的本质，有普遍性和必然性，是最可靠的知识。

在《伦理学》中，斯宾诺莎把知识分为三类：第一种是"意见或想象"，即《知性改进论》中的前两类知识。这种知识是没有确定性的，因而是不可靠的。第二种是"理性知识"，即由推论而得来的知识。这类知识是可靠的，但其可靠性最终来自直观。第三种是"直观知识"，这种知识能够直接把握事物的本质，是最高的知识。他把第三类知识称为"真观念"，真观念构成了一切推理的前提。

6. 斯宾诺莎的真观念

斯宾诺莎的真观念类似于几何学中的公理或笛卡尔的天赋观念。他的哲学体系是从真观念出发，通过推理获得普遍性的结论。这样真观念就成了他理论体系中的关键部分。如何判断一个观念是否是真观念呢？斯宾诺莎认为，虽然真观念是关于事物本质的知识，但是真观念并不是对事物的反映。这是因为作为一名唯理论者，他坚持心物两面论，心和物互不干涉、没有关联，因而也就没有反映与被反映的关系。但是因为事物的次序与观念的次序是一致的，因此观念与它的对象也是符合的，但这种一致性是先验的统一性，而不是经验的反映论。真观念的标准不是与外物的符合，而是真观念自身的清楚明白。但是怎样才算清楚明白，斯宾诺莎并没有解释清楚。

真观念从何而来？斯宾诺莎认为直观和推理的能力是天赋的，我们借此形成真观念，再以真观念为基础，获得真理，再以获得的真理为基础，形成新的真观念，这样一步一步，构成了人类知识的进步。

7. 斯宾诺莎的"至善"

斯宾诺莎伦理学所要解决的终极问题是在一个完全受必然性支配的世界如何通达人生的至善境界。斯宾诺莎的"至善"，既是一个伦理学问题，也是一个认识论问题，它是指"认识人的心灵与整个自然相一致""心灵的最高的善是对神的认识，心灵的最高德性是认识神"。简言之，"至善"是知神。这与他的实体一元论是一致的，一切皆出于神。"至善"是绝对的善。斯宾诺莎认为人们通常所看重和追求的金钱、名利、感官享乐等都是相对的善，它们受到欲望的驱使和情感的奴役，短暂的满足之后往往带来长期的痛苦。因此人们不应该满足于相对的善，而要追求绝对的善。

8. 如何看待斯宾诺莎的知识引导人们走向至善的观点

斯宾诺莎认为随着知识的增长，人们的道德水平也在提升，人就更加自由，这是唯智主义伦理学的思想。持这种观点的哲学家还有苏格拉底和黑格尔。苏格拉底主张"德性而知识""无知即罪恶"。黑格尔认为随着对自身认识和创造的实现，自由就达到了。现代人一般认为知识与道德是两个不同的层面，二者有联系，但不是同步的关系。也就是说，有知识不一定有道德，知识少也不意味着道德水平一定低。但是理解斯宾诺莎的思想需要注意两点：第一，他所谓的道德是对神的认识，既然这样，认识水平越高，道德水平也就越高，二者是一致的；第二，斯宾诺莎是为人与为学有机统一的哲学家，品德极其高尚，他的言行是完全一致的，必然按照知道了的去做，知道得越多，道德境界也就越高。

9. 斯宾诺莎的自由观

斯宾诺莎哲学是一种严格的决定论，强调一切事物都出于神的必然性，"自由是对必然的认识"。"凡是仅仅由自身本性的必然性而存在、其行为仅仅由它自身决定的东西叫做自由。反之，凡一物的存在及其行为均按一定的方式为他物所决定，便叫做必然或受制。"

斯宾诺莎区分了两种必然性，一种是外在的必然性，一种是内在的必然性。他所谓的对必然的认识是指对内在的必然性的认识。很显然，世界上的一切事物都是在他物内通过他物而被认识的，人也是如此，这种外在的必然性不能使人获得真正的自由。只有从"在他物内"回到"自身内"，才能实现自由。斯宾诺莎的经历也证明了他的思想，他因为宗教信仰问题饱受迫害，众叛亲离，被迫隐居乡村，生活贫困。从外在来说，他是不自由的、受压迫的，受到外在必然性的制约；但是这样的生活是他依照理性的指导，主动意愿、自由选择的结果，他始终是自己生活的主人，是自由的。

【强化训练】

一、单选题

1. 在《伦理学》中，本体论提供（　　　）

A. 方式　　　　　　　　　　B. 手段

C. 根据　　　　　　　　　　D. 最终目标

2. 斯宾诺莎所谓的"神"最接近于下列哪个选项？（　　　）

A. 宙斯　　　　　　　　　　B. 基督

C. 自然偶然性　　　　　　　D. 自然必然性

3. 斯宾诺莎进行哲学思考的起点是（　　　）

A. 无神论　　　　　　　　　B. 实体一元论

C. 主客体辩证论　　　　　　D. 主体中心论

4. 心物两面论是（　　　）的观点

A. 黑格尔　　　　　　　　　B. 休谟

C. 斯宾诺莎　　　　　　　　D. 笛卡尔

5. 斯宾诺莎认为构成万物存在和统一基础的实体是（　　　）

A. 人格神　　　　　　　　　B. 数理逻辑

C. 自然界　　　　　　　　　D. 超自然力量

参考答案：

1. C　2. D　3. B　4. C　5. C

二、多选题

1. 在《伦理学》中，斯宾诺莎把知识分为哪三类？（　　　）

A. 意见或想象 　　　　　　　　B. 理性知识

C. 直观知识 　　　　　　　　　D. 经验知识

2. 斯宾诺莎的实体具有以下哪些特征？（　　　）

A. 唯一的 　　　B. 自因的 　　　C. 永恒的 　　　D. 不可分的

3. 关于情感与理性，斯宾诺莎认为（　　　）

A. 理性能够使人认识神 　　　　　B. 情感是无用的

C. 应该用情感控制理性 　　　　　D. 应该用理性控制情感

4.. 斯宾诺莎的著作有（　　　）

A.《单子论》 　　　　　　　　　B.《笛卡尔哲学原理》

C.《伦理学》 　　　　　　　　　D.《神学政治论》

5. 斯宾诺莎认为随着知识的增长，人们的道德水平也在提升，持这种观点的哲学家还有（　　　）

A. 笛卡尔 　　　　　　　　　　B. 莱布尼茨

C. 苏格拉底 　　　　　　　　　D. 黑格尔

参考答案：

1. ABC　　2. ABCD　　3. AD　　4. BCD　　5. CD

三、简答题

1. 简述斯宾诺莎的实体。

2. 简述斯宾诺莎的样式。

四、论述题

论述斯宾诺莎的心物两面论对笛卡尔心物二元论的继承与发展。

五、材料分析题

"知性凭借天赋的力量，自己制造理智的工具，再借这种工具以获得新的力量来从事别的新的理智的作品，再由这种理智的作品又获得新的工具或新的力量向前探究，如此一步一步地进展，直至达到智慧的顶峰为止。"

上述材料体现了哪位哲学家的思想？试运用所学知识加以分析。

【拓展阅读】

案例1：斯宾诺莎的"采集"

巴鲁赫·德·斯宾诺莎于1632年出生于荷兰阿姆斯特丹的一个犹太家庭。他早年在犹太教会学校学习，后来受到自然科学和自然哲学的影响，对神学教条产生怀疑，提出了一些与犹太教教义不同的观点，被犹太教会视为异端。犹太教会采取了多种方法折磨他也没能使他屈服，于1656年对他采取了终极惩罚："大开除"。斯宾诺莎被迫隐居乡村，靠磨镜片维持生活。

斯宾诺莎淡泊名利，他最喜欢做的事就是沉思默想。他住在一个僻静的阁楼上，经常闭门谢客，在房里一待就是两三天，连简单的饭菜也是由房东夫妇送到他房间里。有一个为他写传记的人说："斯宾诺莎每个季度都要仔细算一次账，以便能够把钱不多不少正好花到年底。有时他还对房东说，他就像一条蛇用嘴咬住了尾巴，意思是说到年底他剩下的只有一个零。"磨镜片的钱只要够吃饭，他就不再多磨。

斯宾诺莎的日子过得虽然清贫，却自得其乐。用他自己的话说："虽然有时候我会发现靠我天生的理解力所采集到的成果并没有实惠，但我对此只感到心满意足而别无他求，因为我喜欢采集，它给我带来安宁和喜悦，使我不用唉声叹气地过日子。"

【思考】你知道斯宾诺莎要"采集"什么吗？

【参考答案】斯宾诺莎相信万事万物（整个宇宙）都有着固定不变的秩序和法则。人只有自觉地遵从这些秩序与法则，使自己与宇宙整体合而为一，才有可能过上幸福美好也即善的生活。而要自觉地遵从这些法则和秩序，首先必须认识它们，然后依照它们来为自己的生活订立法则与秩序。斯宾诺莎想要"采集"的，就是关于这些法则与秩序的知识。

案例2：斯宾诺莎：避免痛苦最好的方式

斯宾诺莎在《知性改进论》里谈到了如何避免痛苦："经验告诉我，所有日常生活中经常发生的事情都是徒劳和微不足道的，当我意识到所有我恐惧的事物和所有使我感到恐惧的事物，除了我们的思想受到它们的影响之外，它们本身并没有好坏之分时，我最终决定去探索是否存在真正好的事物，并能够传播这样的美好——这样的思想不会受到其他一切事物的影响。我是说，我决定去探索是否能够发现和获得享有绵延的终极幸福的能力……我知道获得荣誉和财富有很多好处，但是如果我想认真地研究一个新事物的话，我应该停止追求这些……一般地，一个人拥有这两样东西越多，快乐感也就越多，也就越想进一步增加它们。任何时候如果我们的愿望遭受了挫折，我们也会遭受极深的痛苦。名誉也同样：如果我们追逐名誉，那么我们必须调整我们生活的方向：取悦别人，不能惹人讨厌，还要揣摩别人喜欢什么……但是，对于一件永恒且无穷的事物的热爱会使我们的思想享受愉悦，避免这些痛苦……最好的情况是我们的知识能够和整个自然保持一致……心灵懂得越多，也就越好地能理解自然的力量和秩序，而越多地了解自然的力量和长处，也就能够越好地摆正自己的方向并为自己定下规则，越多地了解自然的秩序，也就能够越容易地将自己从无用的事物中解放出来，这就是整个的方法。"

【思考】斯宾诺莎的思想对你有什么启示？

第三节　莱布尼茨哲学

【学习目标】

了解莱布尼茨—沃尔夫体系；理解莱布尼茨的两种真理及神正论；掌握单子论、预定和谐说及莱布尼茨对天赋观念论的修正和发展；在此基础上，把握唯理论发展的内在逻辑。

【学习要点】

1. 莱布尼茨哲学的基本问题

莱布尼茨把哲学的基本问题归结为两大迷宫："我们的理性常常陷入两个著名的迷宫。一个是关于自由与必然的大问题，特别是关于恶的产生和起源的问题；另一个问题在于有关连续性和看起来是它的要素的不可分的点的争论。"

2. 莱布尼茨为什么要提出单子论

作为一名唯理论者，莱布尼茨同笛卡尔、斯宾诺莎一样，对本体论问题非常关注。但他不同意笛卡尔的心物二元论，认为两个本原是不彻底的，应该有一个最终的本原。斯宾诺莎的实体一元论虽然主张一个本原，但这个本原没有能动性，无法解释它如何产生出千差万别、丰富多彩的世界。莱布尼茨也不同意当时复兴的古代原子论思想，因为原子是物质性的，具有广延，而只要有广延就是可分的，只要可分就不是最后单位。在他看来，实体作为世界万物的本质，一方面必须是不可分的、单纯性的，是世界的最终承担者；另一方面必须在其自身之内就具有能动性的原则，这样的实体就是"单子"。

3. 单子有哪些特征

莱布尼茨在《单子论》中概括了单子的特点。

第一，单子是精神实体。单子作为世界的最终承担者，必须是不可分的，而只要有广延就是可分的，所以单子没有广延，不是物质实体，而只能是精神实体。

第二，单子不能以自然的方式产生或消灭。因为单子是精神实体，没有部分，因此不能靠组合产生、分解消亡。单子的产生与消灭只能出于上帝的创造和毁灭。

第三，单子之间相互独立。单子没有广延或部分，就不可能有什么东西进入其内部而造成变化，因而每个单子自成一个小宇宙，不与其他单子发生关系。

第四，单子之间只有质的区别，没有量的差别。因为单子之间彼此独立、互不影响，因此它们只有质的差别，这种差别表现为每个单子的"知觉"能力的差异。

第五，单子是自因的。因为单子之间彼此独立，互不干涉，因此单子的发展变化不可能来自外部，只能是出自于它内部的原因。

4. 精神性的单子如何构成有广延的事物

在莱布尼茨看来，自然界的事物不是单子的组合或堆积，因为单子是无广延的，它不可能组合、堆积成有广延的事物。有广延的事物是单子复合而反映出来的一种现象。就像彩虹，看起来是五彩缤纷的，但这只是一种现象，实际上它是由小水滴构成的。我们看到的大千世界只不过是单子的表象而已。

5. 莱布尼茨如何用单子论解决哲学的"第二迷宫"

莱布尼茨认为"每个单子必须与任何一个别的单子不同。因为自然界中绝没有两个东西完全一样"，这就是所谓的"差异律"。每个单子就像一面镜子，从不同的角度、以不同的清晰程度反映或"表象"着整个宇宙。根据单子的知觉能力不同，他把单子分为不同的等级：最低级的是无机物和植物的单子，它们只有无意识的"微知觉"；其次是动物的单子，它们有知觉和记忆；在动物单子之上是人的单子，人的知觉比动物的更清晰，而且有了"统觉"和理性；在人之上有更高级的单子，如天使的单子；最高的单子就是上帝，他称之为"太上单子"，"太上单子"创造其他一切单子。从最低级的单子到最高级的单子之间，可以插入无数个中间状态的单子，这就使整个单子系列成为一个不间断的连续体，这就是"连续律"。莱布尼茨的"差异律"和"连续律"，一方面保证了单子是"不可分的点"，另一方面又保证了由单子构成的整体具有连续性，以此来解决哲学的"第二迷宫"。

6. 莱布尼茨的"预定（前定）和谐"说

莱布尼茨为了说明彼此孤立的单子构成的世界为什么是和谐一致的问题，提出了"预定和谐"说。他认为上帝是全知全能的，上帝在创造单子时就已经预见到了所有单子的发展情况，在安排好每个单子发展变化的同时，也使其余的单子各自作相应的变化发展，这样就保持了所有单子组成的世界是和谐一致的。

莱布尼茨还用"预定和谐"说解决笛卡尔遗留的身心关系问题。在身心关系上有三种看法，他以两个走得一样准钟表为例加以说明。第一种看法认为两个钟表之间相互影响，因而能保持一致，典型代表就是笛卡尔的身心交感论。第二种看法认为有一个精巧的工匠在随时调拨两个钟表，所以它们能保持一致，其代表是马勒伯朗士的"偶因论"。莱布尼茨认为这两种看法都不正确，身心交感论无法说明不同质的物质和精神如何相互作用而保持一致，偶因论需要上帝随时挑拨钟表，显然全知全能的上帝不会如此的拙劣。他提出第三种看法，即把两个钟表的协调一致归结为上帝的预定和谐。他认为人的心灵由高级的单子构成，身体由低级的单子构成，心灵可以自觉地支配身体。二者的一致是上帝一开始就规定好了的。

7. 莱布尼茨如何解决自由与必然的关系问题

莱布尼茨认为单子的发展变化是必然和自由的统一。一方面，单子是按照上帝预定好了的轨道发展变化的，没有偶然性，是必然的。另一方面，单子的发展变化不受外部的影响，它是自因的，根据它内在的原则和规定性自我发展、自我完善，是自己决定自己的，因而又是自由的。

8. 莱布尼茨的"有纹路的大理石"

莱布尼茨继承并发展了笛卡尔的天赋观念论，同经验论者展开了论战。他揭示了感觉经验的局限性：经验是个别的、偶然的，只对过去发生的事件有效，不能预测未来，不具有普遍性和必然性。因而知识不可能来源于感觉经验，只能是天赋的。但是笛卡尔的天赋观念论受到了洛克等人的批判，不能再照搬。于是莱布尼茨修正了笛卡尔的天赋观念，提出了"有纹路的大理石"思想。

莱布尼茨认为人的心灵既不像洛克说的那样是一块白板，也不像笛卡尔所说的那样从一开始就有成形的、清楚明晰的观念，而是像一块有花纹的大理石。这块大理石能够雕刻出什么形象是由它上面的花纹决定。由此莱布尼茨断言：真理是作为一种倾向、天赋潜存在我们心中，与后天的经验相结合，才能由潜在的变为明晰的观念，才能形成知识。

9. 莱布尼茨的天赋观念论与笛卡尔的有什么不同

笛卡尔虽然主张天赋观念论，但是他还承认有外来的观念和想象的观念。莱布尼茨从单子论出发，主张一切观念都是天赋的，他的天赋观念论比笛卡尔的更彻底。这是因为单子是根据它内在的原则和规定性自我发展、自我决定的，与外部世界没有关系，因而他主张我们所有的观念都是天赋的。

10. 莱布尼茨的两种真理

正如莱布尼茨在认识来源问题上既主张天赋观念潜在论，又承认感觉经验的诱导作用一样，在认识的结果即真理问题上他也在坚持唯理论的基本立场下调和了唯理论和经验论，既承认推理的真理，也承认事实的真理。

推理的真理是根据理性而来的，是必然的推理，建立在矛盾原则之上。这类推理从不证自明的公理出发，通过逻辑演绎达到普遍必然性的知识，与经验没有关系，其反面是不可能的。数学、逻辑学、形而上学等都是必然的推理。

事实的真理是从感性经验而来的，是偶然的，建立在充足理由原则之上。它从经验事实出发，通过经验归纳法寻找事物的联系，其反面是可能的。

11. 莱布尼茨的神正论

莱布尼茨的神正论回答的是哲学迷宫当中"关于恶事之产生和来源的问题"，即如果上帝是全知全能全善的，为什么不创造一个没有恶的世界？在莱布尼茨看来，世界的恶、不完美是就人类有限的眼光来看的，在人那里看来是不好的事情，在上帝那里是有用意的。他认为一个完美的世界应该像一幅美丽的图画一样，要有阴影来衬托整幅画的完美。没有恶，就不会有善。上帝在无数可能的世界中选择了他认为最好的一个作为现实世界，他这样做必定有充足的理由。由此，莱布尼茨得出"我们的世界是一切可能世界中最好的世界"的结论，这样一个世界的存在恰恰证明了神的正义。

莱布尼茨的神正论遭到了当时及以后很多哲学家的批判，不少人认为莱布尼茨的思想是为统治阶级作辩护，充满了媚俗性。但也应看到，这种善恶观蕴含着辩证的思维，对后来的德国古典哲学产生了重要影响。

【强化训练】

一、判断题

1. 莱布尼茨认为单子与单子之间是不可能有连续性的。　　　　（　　）

2. 莱布尼茨的天赋观念论比笛卡尔的更彻底，主张我们所有的观念都是天赋的。　　　　　　　　　　　　　　　　　　　　　　　（　　）

3. 莱布尼茨认为上帝创世是按充足理由律，在无数的可能世界中选择一个现实世界。　　　　　　　　　　　　　　　　　　　　　　（　　）

4. 单纯性是莱布尼茨对单子的基本规定。　　　　　　　　　（　　）

5. 莱布尼茨的神正论是为了说明彼此孤立的单子构成的世界为什么是和谐一致的。　　　　　　　　　　　　　　　　　　　　　　（　　）

参考答案：

1. × 2. √ 3. √ 4. √ 5. ×

二、多选题

1.单子的特征有（　　　）

A.单纯性 　　　　　　　　B.复多性

C.永恒性 　　　　　　　　D.单一性

2.莱布尼茨的天赋观念（　　　）

A.吸收了经验论的观点 　　　B.修正了笛卡尔的天赋观念

C.主张"白板"说 　　　　　D.把心灵比喻为有花纹的大理石

3.关于莱布尼茨—沃尔夫体系，下列说法正确的有（　　　）

A.强调理性能力

B.在德国知识界曾经风靡一时

C.用理性突破虔敬主义

D.是一种形而上学的独断论

4.下列是莱布尼茨哲学思想的有（　　　）

A."没有两片完全相同的树叶"

B.单子"没有可供外物出入的窗户"

C."自然从来不飞跃"

D.每个单子都是"携带着过去"，又"孕育着未来"

5.莱布尼茨的著作包括（　　　）

A.《单子论》 　　　　　　　B.《神正论》

C.《人类理智论》 　　　　　D.《人类理智新论》

参考答案：

1. ABC 2. ABD 3. ABCD 4. ABCD 5. ABD

三、简答题

1.简述莱布尼茨的单子论。

2.简述莱布尼茨的"最好世界"理论。

3.简述莱布尼茨的"前定和谐"说。

四、论述题

论述莱布尼茨的天赋观念论。

五、材料分析题

"我们不能想象，在灵魂中，我们可以像读一本打开的书那样读到理性的永恒法则，就像在布告牌上读到审判官的法令那样毫无困难、毫不用探求。"

上述材料体现了哪位哲学家的思想？试运用所学知识加以分析。

【拓展阅读】

案例1：莱布尼茨和牛顿的战争

18世纪初，莱布尼茨和牛顿之间发生了一次持续十多年的争论。这场争论中，他们都宣称自己才是微积分的创立者。牛顿在1665至1666年间创立了这一数学方法，他称之为流数法的微积分。但牛顿当时并没有将这一结果公之于世，而仅仅是将自己的私人稿件在朋友之间传阅。直到1687年，牛顿才正式出版相关著作。莱布尼茨则是在1675年才发明微积分，并于1684年和1686年分别发表两篇关于微积分的论文。莱布尼茨虽晚于牛顿发明微积分，但他发表微积分的著作早于牛顿。莱布尼茨曾看过牛顿早期的研究，牛顿因此认定莱布尼茨剽窃了自己的成果，他开始攻击莱布尼茨，莱布尼茨奋起反击。微积分战争日趋激烈，如果不是莱布尼茨在1716年去世，这场争端将会持续更久。

现在，经过历史考证，莱布尼茨和牛顿的方法和途径均不一样，对微积分学的贡献也各有所长。牛顿从物理学出发，运用集合方法研究微积分，其应用上更多地结合了运动学，造诣高于莱布尼茨。莱布尼茨则从几何问题出发，运用分析学方法引进微积分概念、得出运算法则，其数学的严密性与系统性是牛顿所不及的。因此现在的学术界和教科书一般把牛顿和莱布尼茨共同列为微积分的创建者。

莱布尼茨不仅同牛顿一样，对微积分做出了重要贡献。同时，他也是德国著名的哲学家、唯理论的重要代表人物，而且，他的微积分理论与其哲学思想具有某种一致性。

【思考】如何理解莱布尼茨的微积分理论与其哲学思想具有某种一致性？

【参考答案】莱布尼茨根据微积分原理建立了"差异律"和"连续律"，解决了由"不可分的点"（单子）构成的世界具有连续性的问题。

案例2：莱布尼茨—沃尔夫体系

克里斯提安·沃尔夫是哈勒大学的哲学教授，是莱布尼茨的追随者和传播者，他把莱布尼茨的哲学系统化、普及化，并搬上大学讲坛。沃尔夫去世之后，他的思想通过他的弟子们继续统治着德国各大学，形成了所谓的"莱布尼茨—沃尔夫体系"。这种体系延续唯理论的传统并将之推向极端：从公理、定义出发，按照严格的几何学形式，从先验的抽象范畴中直接演绎出整个知识体系，走向了形而上学独断论，完全脱离了丰富多彩的感性世界。莱布尼茨—沃尔夫体系统治了德国思想界达半个多世纪之久，一直到1781年康德发表《纯粹理性批判》。

黑格尔就一针见血地指出了莱布尼茨—沃尔夫体系的问题："他把哲学划分成一些呆板形式的学科，以学究的方式应用几何学方法把哲学抽绎成一些理智规定……把理智形而上学的独断主义捧成了普遍的基调。"

黑格尔同时也指出了沃尔夫对德国的贡献："沃尔夫为德国人的理智教育作出了伟大的贡献，不朽的贡献。他不仅第一个在德国使哲学成为公共财产，而且第一个使思想以思想的形式成为公共财产，并且以思想代替了出于感情、出于表象中的感性知觉的言论。"

【思考】根据黑格尔的说法，沃尔夫有哪些贡献？

【参考答案】沃尔夫的贡献主要表现在两个方面：其一是让哲学说德语。在沃尔夫之前，哲学家们的著作基本上是用拉丁语或其他语言写作的，而非德语。沃尔夫的大部分著作都是用德语写成的，因此他成了"使哲学成为德国本地的东西"的第一人，第一次把哲学的理性内容和德意志的语言形式结合起来。从此以后，哲学找到了最适合表现它的语言，即德语，德语也成为哲学的公共语言。其二，沃尔夫用理性突破虔敬主义。沃尔夫所处的时代虔敬主义比较盛行，很多人只是信仰而不去理解。沃尔夫的哲学虽然是一种独断主义，但是他注重理性、注重推理，反对盲从，在一定程度上突破了虔敬主义的蒙昧。

第五章
18世纪法国哲学

第一节　启蒙主义者哲学

【学习目标】

了解孟德斯鸠的三种政体、伏尔泰的经验主义认识论和社会历史观；理解孟德斯鸠的地理环境的作用、卢梭的自然与文明的对立及良心论；掌握伏尔泰的自然神论、孟德斯鸠的法的精神、卢梭的私有制与人类不平等的起源及"公意"学说。

【学习要点】

1. 孟德斯鸠的法的精神

孟德斯鸠的代表作是《论法的精神》，"法"的理论是他哲学和社会政治思想的基础。"法"就是贯穿于一切事物之中的必然性和规律性。孟德斯鸠认为人类在进入社会状态之前，遵从自然法而生活。一旦进入社会状态，自然状态下的自由平等、和平就被打破了，冲突和战争就开始了。政府为了维护社会的安定，保障人的自由平等权利，就制定了"人为法"。人为法应以自然法为基础，这是所有国家制定法律的基础。具体到某个国家，它的法律又与国家政体的性质和原则有关，也与国家的地理环境、生活方式、风俗习惯和法律传统有很大关系。"法的精神"就是把一般的法（人的理性）与具体国家的具体情况相结合。

2. 孟德斯鸠的三种主要政体

为了建立一种符合"法的精神"的社会制度，孟德斯鸠研究了历史上的各种政体。他认为人类历史上出现过三种政体：共和政体、君主政体和专制政体。共和政体是全体人民或部分人民掌握最高权力；君主政体是由一个人执政，但要参照固定的和确立了的法律；专制政体既无法律又无规章，由个人根据自己的意志和性情统治国家。孟德斯鸠认为专制政体下君主漠视法律，实行独裁统治，这种政体是不合理的。共和政体虽然是好的，但它只有在"古人的英雄美德"占优势的地方才可行，而且共和政体容易出现多数人的暴政。他认为最好的政体是君主制，他非常推崇英国的君主立宪制。英国的君主立宪制是按照洛克的"三权分立"学说建立的，孟德斯鸠继承了洛克的思想并做了改进，提出了立法、司法和行政"三权分立"的学说。这三种权力相互约束、相互制衡，能够最大限度地制衡君主的权力，防止权力的滥用，从而保障公民的自由和平等。

3. 孟德斯鸠的地理环境的重要作用

孟德斯鸠认为一般的法要在具体的环境下才能发挥作用，而地理环境不同就会导致不同的地方产生不同的体制。"居住在山地的人坚决主张要求平民政治，平原上的人则要求由一些上层人物领导的政体，近海的人则希望一种由二者混合组成的政体。"

孟德斯鸠虽然强调环境的重要作用，但是根据法的精神，自然法才是决定成文法和社会政治制度的最终依据，所以不能把他归为地理环境决定论者。

4. 伏尔泰的自然神论

伏尔泰承认物质世界的客观存在，他认为物质只有两个基本属性：广延和运动。广延是最基本的属性，没有广延物质就不存在。在说明物质运动时，伏尔泰求助于物质世界之外的上帝，认为上帝是物质运动的初始原因，也是运动规律的创造者，在此之后上帝不再对世界的发展产生影响，而是让世界按照它自身的规律存在和发展。

伏尔泰对上帝的这种设定，一方面是出于物理学上的考虑，他要为宇宙的运动寻找一个终极原因。但是，这个终极原因不一定非得是上帝，无神论不凭借上帝照样能解释运动。显然，伏尔泰还有另外的目的，他着眼于人的伦理生活来设定上帝，上帝保证了人在冷冰冰的物质世界中有信仰，人心能够向善，保证了人能够过一种道德的生活。

5. 伏尔泰的经验主义认识论

伏尔泰在认识论上坚持经验论的立场，主张一切知识源于感觉。感觉是外部事物对感官的刺激，刺激之后留下的印象就是观念，头脑对这些观念进行组合与整理就形成知识。因此，他主张全部的知识都是来自感觉，反对唯理论的天赋观念。

6. 伏尔泰的社会历史观

在社会历史领域，伏尔泰捍卫人的自由，主张自由是人天赋的权利。平等也是天赋的权利，人生而平等。自由和平等的基础是自然法。伏尔泰认为在封建专制制度下，人们的自由得不到保障，平等也不可能实现，所以他反对封建专制制度，主张"开明君主制度"。伏尔泰坚持理性，对反理性的宗教迷信和宗教狂热展开了激烈的批判，认为教会的发展史就是一部罪恶史。但是他对宗教迷信的批判并没有导致无神论，他承认上帝的存在对维系社会秩序和道德生活的重要作用。

伏尔泰是法国启蒙运动公认的领袖和导师，他打破封建专制主义的传统，传播启蒙思想，为法国大革命做了思想准备。他提出的自由、平等观念深入人心，成为当今资本主义国家重要的政治理念。

7. 卢梭的自然与文明的对立

在法国启蒙思想家中，卢梭算是个异类，在其他人高唱理性、文明、进步的赞歌时，卢梭敏锐地意识到了自然与文明的对立。他在《论科学与艺术》中对"科学和艺术的复兴是否有助于敦化风俗？"的问题作了否定回答，阐明了自然与文明的对立。他认为在自然状态下，人们是自由、平等的，而科学的进步、艺术的发展使人丧失自由、使人道德堕落。在《论人类不平等的起源和基础》中，卢梭进一步深化了自然与文明对立的思想。他认为在自然状态下，人们没有理性、没有语言、没有家庭、没有住所、没有技能，除了生理上的差异彼此自由平等。自然人既关心自己的生存，也本能地不加害于别人，并在同类遭受灾害和痛苦时，会感到天然的憎恶，人心中的这两种情感相互协调。

既然自然状态如此美好，人类为什么还要从自然状态进入到社会状态呢？这是因为人有"自我完善化"的能力。这种能力在生存的逼迫下使得人的技能不断发展，人与人的交流不断增加，形成了语言，最终导致了私有制的产生，人类由自由平等的状态陷入了不自由不平等的社会状态中。

8. 卢梭的私有制与人类不平等的起源

卢梭认为自然状态既赋予人以自由，也包含着丧失自由的可能。人在生理上是不平等的，由于"年龄、健康、体力以及智慧和心灵的性质的不同"，导致了人在技巧、知识、声誉、分配等方面产生了事实上的不平等，最后到达自然状态的终点——私有制的产生。

私有制首先产生于对土地权的要求，谁第一个把一块地圈起来并想到说"这是我的"，谁就是文明社会的真正奠基人。私有制的出现打破了原来的平等状态，有了富人与穷人的区分，这是社会不平等的第一个阶段。财富的差距使得富人与穷人之间战争不断，富人为了维护自己的利益，欺骗穷人订立契约，建立国家政权，把富人对穷人的统治合法化，这就进入不平等的第二个阶段。国家成立后，富人就成为统治力量。人们开始将公共权力托付给私人，管理国家的人就把国家看作是自己的私有财产，把臣民看作是奴隶，这是人类不平等的第三个阶段。哪里有压迫哪里就有反抗，卢梭设想文明的最后阶段是暴君被暴力所推翻。

9. 卢梭的"公意"学说

专制被暴力推翻后，人们面临的问题是如何在社会中达到新的平等。卢梭认为可能的道路有三条：一是回到自然状态，二是通过暴力革命废除一切不平等的根源，三是用社会契约来保障社会平等。第一条道路是不可行的，返归自然状态的道路已经被人们遗忘；第二条道路也走不通，因为暴力只能打破、而不能产生新的合法的权利。最后只能用契约作为人间一切合法权利的基础。

社会契约的核心是权利的转让，在这个问题上卢梭的看法与他的前辈都不同：霍布斯要求把除生命权以外的全部权利都转让给代理人；洛克要求只把财产仲裁权转让给代理人；卢梭却主张一切人把一切权利转让给一切人。社会契约所产生的结果是集强制权力和自由权利于一身的"公意"。所谓公意，指全体订约人的公共人格，是他们的人身和意志的"道义共同体"。"公意"在具体的政治实践中表现为法律。在现实的政治制度中，符合卢梭"公意"学说的就是人民主权的民主共和国，也因此卢梭成了法国大革命雅各宾派的导师。雅各宾派的失败从实践中说明卢梭的思想存在问题，如怎样保证"公意"是正确的，它会不会蜕变为多数人的暴政？当然，这些问题也不能否定卢梭"公意"学说中体现的"人民的政权"的进步性。

10. 卢梭的良心论

不管是自然状态中的自由平等，还是"公意"学说，它们之所以能够成立都有一个重要的前提：性善论。只有人的天性是善的，自然状态才有可能美好，社会状态经过订立契约后才有可能恢复自由平等。在著作《爱弥儿》中，卢梭把性善论发展成为良心论。良心在道德领域和知识领域都起着裁判员的作用，道德的基础是良心，知识的原则也是良心。卢梭对理性比较谨慎，他认为人的良心、人的情感才是人的本性所在。卢梭看到了启蒙运动片面强调理性带来的弊端，他主张用普通人的良心代替少数有教养的人的理性，突出了人民性的思想，对康德产生了深刻的影响。

【强化训练】

一、判断题

1. 法国启蒙主义者批判的矛头直接指向宗教和专制制度。　　（　　　）

2. 卢梭认为谁第一个把一块地圈起来并想到说"这是我的"，谁就是文明社会的真正奠基人。　　（　　　）

3. 伏尔泰认为专制制度是最好的政治制度。　　（　　　）

4. 卢梭认为文明的基础是私有制。　　（　　　）

5. 伏尔泰的代表作是《论法的精神》。　　（　　　）

参考答案：

1. √　2. √　3. ×　4. √　5. ×

二、多选题

1. 启蒙主义的代表人物有（　　　）

A. 培尔 　　　　　　　　　　B. 孟德斯鸠

C. 伏尔泰 　　　　　　　　　D. 卢梭

2. 卢梭的著作包括（　　　）

A.《社会契约论》 　　　　　　B.《论科学与艺术》

C.《爱弥儿》 　　　　　　　　D.《论人类不平等的起源和基础》

3. 伏尔泰的思想有（　　　）

A. 自然神论 　　　　　　　　B. 无神论

C. 经验主义认识论 　　　　　D. 良心论

4. 卢梭的思想包括（　　　）

A. 排斥现代文明

B. 倡导自然情感

C. 提倡推动科学和艺术的进步

D. 强调理性

5. 关于卢梭的"公意"，下列说法正确的有（　　　）

A. 指全体订约人的公共人格 　　B. 以公共利益为出发点

C. 以公共利益为归宿 　　　　　D. 公意就是众意

参考答案：

1. ABCD　2. ABCD　3. AC　4. AB　5. ABC

三、简答题

1. 简述伏尔泰的自然神论。

2. 简述孟德斯鸠的"法的精神"。

四、论述题

论述卢梭的"公意"学说。

五、材料分析题

恩格斯说："他们不承认任何外界的权威，不管这种权威是什么样的。宗教、自然观、社会、国家制度，一切都受到了最无情的批判；一切都必须在理性的法庭面前为自己的存在作辩护或者放弃存在的权利。思维着的知性成了衡量一切的唯一尺度。"

上述材料体现了什么思想？试运用所学知识加以分析。

【拓展阅读】

案例1：良心的惩罚

让-雅克·卢梭是法国启蒙运动中著名的思想家，也是一名文学家。1712年，卢梭出生于瑞士的日内瓦，母亲在他出生几天就去世了，父亲在他童年时因与人发生纠纷离家出走。孤苦无依的卢梭为了养活自己，只好到一位伯爵家当佣人。

伯爵家的一个侍女有条丝带，非常漂亮，卢梭很喜欢。有一天，卢梭趁着没人的时候，偷偷地拿了侍女的丝带，跑到院子里高兴地玩耍起来。

不巧，被一个路过的仆人发现了，仆人立刻报告给了伯爵。伯爵非常生气，把卢梭叫过来质问。卢梭非常害怕，他想如果承认是自己拿了丝带，伯爵一定会辞退他。为了不被辞退，小卢梭撒了个谎，他告诉伯爵丝带不是他自己拿的，而是厨娘玛丽永偷偷给他的。

于是伯爵又找来玛丽永对质。玛丽永没有拿丝带，自然不会承认。但是卢梭一口咬定是玛丽永拿的，并编造了事情的经过。这下伯爵也难以辨别到底是谁偷拿丝带了，他一怒之下将俩人都辞退了。

当卢梭和玛丽永离开伯爵家时，一位长者意味深长地说："你们之中必有一个是无辜的，说谎的人一定会受到良心的惩罚！"

果不其然，这件事给卢梭带来了终身的痛苦。40年后，他把这件事记录在了其自传《忏悔录》中，并自责道："这种沉重的负担一直压在我的良心上……促使我决心撰写这部忏悔录。""这种残酷的回忆，常常使我苦恼，在我苦恼得睡不着的时候，便看到这个可怜的姑娘前来谴责我的罪行……"

【思考】这段经历启发卢梭提出了什么思想？

【参考答案】卢梭提出了良心论，认为良心在道德领域和知识领域都起着裁判员的作用。

案例2：哲学家、酒庄庄主孟德斯鸠

伟大的哲学家孟德斯鸠与卢梭、伏尔泰并称为法兰西"自由三剑客"，是继欧洲文艺复兴运动后"思想启蒙运动"的代表人物。孟德斯鸠与葡萄酒结缘要得益于他的父亲和他的家族，孟德斯鸠家族是法国最古老的贵族之一，曾是波尔多地区最大的领土主，从1500年起即在格拉夫产区酿造葡萄酒。他的父亲在1686年创建了孟德斯鸠酒业集团，主要经营葡萄酒事业，孟德斯鸠把他父亲的葡萄酒事业发扬光大了。

孟德斯鸠在24岁时便接手了父亲的葡萄酒事业，当年孟德斯鸠周游欧洲列国向各国君主推广他的君主立宪和三权分立思想的同时，也向他们推广家族的葡萄酒，当然也受到这些国家的贵族和上流社会的推崇。在当时原产地命名制度尚未健全的情况下，孟德斯鸠家族已经将葡萄酒出口到英国、爱尔兰、荷兰等国，并在马赛和巴黎的上流社会流行。

那个时候孟德斯鸠走遍了整个欧洲，并会见了许多贵族阶层和国际政治的重要人物。因此，他拥有一个丰富的人脉网络，他定期与他们书信交往以保持联系，他们成为葡萄酒的重要客源。他对他们的拜访旅行成为真正的波尔多葡萄酒"巡回宣传之旅"。孟德斯鸠成为整个波尔多产区葡萄酒的形象大使。

孟德斯鸠1755年去世后，他的儿子让–巴蒂斯特怀接手经营酒庄，尽管经历了变幻莫测的法国大革命和财产扣押，他仍然守护着他的拉布雷德城堡。之后，他的孙子对城堡进行了多次维修，葡萄园继续延续，葡萄酒继续酿造，在1865年和1900年之间特别繁荣。

然而，进入到20世纪因家庭变故和第一次世界大战，家族收入锐减，祖先的领地也逐渐缩小。就这样步履维艰地走过了一个世纪，葡萄园还维持着生产"布拉雷德城堡干白葡萄酒"直到2000年。

幸运的是，孟德斯鸠第八代传人的女婿Patrick Baseden，在葡萄酒行业有着极深的资源和实力背景，他在婚后便全权打理孟德斯鸠家族的产业。孟德斯鸠酒业集团也开始重新走向繁荣。孟德斯鸠家族将商业版图拓展至新西兰、智利、美国和中国，促成了新西兰云雾之湾（Cloudy Bay）、智利蒙特斯（Montes）等一系列新世界精品酒庄。

第二节　百科全书派哲学

【学习目标】

了解狄德罗、孔狄亚克的哲学思想；理解爱尔维修的环境决定论、拉美特利的"人是机器"；掌握爱尔维修的感觉主义的功利主义、百科全书派的唯物主义及无神论思想；坚持历史唯物主义，反对唯心史观，反对封建迷信。

【学习要点】

1.百科全书派的由来

百科全书派是在编纂《百科全书》（全称为《百科全书，或科学、艺术和手工艺详解字典》）的过程中形成的派别。狄德罗主编的《百科全书》是第一部影响巨大的大型参考书，在1751—1772年间共出版28卷，1776—1780年又增加补遗及索引7卷。编纂者们聚集成一个哲学家群体，包括孔狄亚克、霍尔巴赫等人。拉美特利和爱尔维修虽然没有参与编纂，但他们的哲学观点与百科全书派接近，因而也被归为百科全书派。百科全书派主张唯物主义和无神论思想，反对封建特权制度和天主教会，认为迷信、成见、愚昧无知是人类的大敌，要求一切制度和观念都要在理性的审判庭上受到批判和衡量。

2.拉美特利的"人是机器"

拉美特利继承了笛卡尔的机械唯物主义思想，并试图用唯物主义来克服笛卡尔的心物二元论。他认为宇宙中的唯一实体就是物质，心灵不是独立存在的实体，而是身体的一种特性。外界对象刺激感觉器官，神经受到震动，形成感觉；感觉把运动传到大脑，形成观念；记忆把这些观念记录下来并进行比较，产生判断和推理。一旦大脑出现问题，脑子和感官之间的通道被堵塞，心灵的一切活动就会停止。他由此断言人是一架自己会发动自己的"聪明机器"，人的身体受机械运动的支配，即"人是机器"。肌肉如弹簧，肺如鼓风机，心脏如水泵，大脑如控制室。

3. 拉美特利对宗教神学的批判

拉美特利认为物质不仅具有广延属性，还有运动的能力，这就使作为"第一推动"的上帝失去了存在的必要性。立足于无神论，他对宗教神学进行了激烈的批判。在本体论上，他认为只有一个物质实体，根本不存在上帝；在认识论上，他揭示了宗教神学的本质是欺骗，是蒙昧主义，是反理性的；在伦理学上，他认为宗教神学宣扬的禁欲主义道德是反人性的，是人类一切不幸的根源。

4. 狄德罗的物质观

狄德罗认为自然、物质是唯一真实的客观存在，宇宙、世界的统一性就在于它的物质性。同时，他提出了"异质元素"的思想，并用它说明自然、世界的多样性。他认为物质元素数目无限，性质不同，因而就产生了自然现象的多样性。"异质元素"的思想表明狄德罗试图用辩证的观点说明世界的统一性和多样性的关系，用质的区别而不是只用量的不同解释自然界的多样性。

狄德罗提出物质普遍具有感受性，感受性是指事物对外界作用的接受和反应能力。人的精神活动是最高级的感受性，它是外界事物作用于我们的感官，或者感官与感官之间发生的交感，从而产生了人类思想的共同性。狄德罗把精神看作是物质的感受，明确肯定思维是大脑的属性，从而肯定了思维、意识对物质的依赖性。

5. 狄德罗的运动观

狄德罗把物质和运动统一起来，肯定运动是物质固有的属性。运动有两种基本形式，即位置的改变（"移动"）和内在趋向（"激动"）。前一种运动是由于物体之间的作用和反作用引起的，后一种是由于组成物质的元素是异质的。宇宙间的一切事物都在移动或激动，或者同时既在移动又在激动，静止只不过是运动的一种形式。狄德罗从运动的绝对性中引出了发展的观点。在他看来，永恒运动、生灭不已的自然界不断地产生出新的东西。在18世纪绝对不变的自然观还占据统治地位的背景下，狄德罗的普遍发展的观点具有进步意义。

6. 狄德罗的认识论

在认识论上，狄德罗主张认识来源于感觉经验，而且他看到了感觉经验的局限性，要求将感性认识和理性认识结合起来。他认为认识活动有三种方法：观察、思考和实验。狄德罗强调观察的重要性，认为只有它才能使我们收集到足够的事实。事实材料只告诉我们事物是怎样的，要知道事物为什么是这样就需要进行思考。通过观察、思考而形成的概念、知识可能是真的，也可能是假的，只有通过实验才能判明我们认识的真伪。狄德罗的认识论思想充满了辩证性，并在一定程度上看到了实践在认识过程中的作用。

7. 狄德罗的无神论

狄德罗曾经是一个自然神论者，1749年他在《供明眼人参考的谈盲人的信》中宣布上帝是不存在的，标志着他转向了无神论。他对上帝的批判是站在把一切（包括精神）都归于物质的立场上。他也从经验论的立场上反驳上帝：上帝看不见摸不着，无法通过感觉来认识，因而上帝是不存在的。他认为宗教迷信是无知的产物，是理性的敌人，也是专制制度的帮凶，要想推翻王权，必须先打倒神权。狄德罗对上帝和宗教神学的批判有他自身立场的局限性，但是在当时的历史条件下，这种批判具有积极意义，它打击了宗教神学的统治地位，促进了人们思想的解放和理性的发展。

8. 爱尔维修的感觉主义的功利主义

爱尔维修从经验论出发，取消了感觉与思维的区别，把全部认识活动归结为肉体的感觉活动。他把人体比作是一架机器，一切行动都是由肉体感受性发动的，在此基础上，他建立了以利益为核心的功利主义伦理学。肉体感受性直接表现为趋乐避苦、趋利避害，即"自爱"。自爱是人的本性，是道德的出发点和归宿。出于自爱的本性，人们总是热切地追求利益。利益是我们一切行为的向导，是正当的、不容置疑的。这种对个人利益的肯定很容易导致个人欲望的膨胀，甚至为了个人利益不惜损害他人和公共利益。为此，爱尔维修主张对个人利益要加以限制，对个人欲望要加以节制，把个人利益与公共利益结合起来，引导人的行为以公共利益为目标。但是他的公共利益是建立在个人利益之上，个人利益才是基础，其实质是一种合理的利己主义。

9. 爱尔维修的环境决定论

为了解决个人利益与公共利益之间的矛盾，使人们意识到公共利益最终是为了每个人的利益，爱尔维修提出"人是环境的产物"的教育思想。他认为人的才智和道德先天是一样的，是因为后天的环境和教育才有了差别。他所说的教育不是狭隘的学校教育，而是"一切生活条件的总和"，即自然环境和社会环境的总和。在社会环境中，他又特别强调国家的政治法律制度，认为政治在社会环境中起决定作用，"法律造就一切"。

爱尔维修虽然没有意识到生产力才是社会发展的最终决定性力量，但是他看到了环境、教育对人的重要作用，这是值得肯定的。

10. 霍尔巴赫的唯物主义自然观

霍尔巴赫哲学的出发点是自然，而自然就是物质事物的总和。霍尔巴赫给物质下了定义："物质一般地就是以任何一种方式刺激我们感官的东西；我们归之于各种不同物质的那些特性，是以物质在我们内部所造成的不同的印象或变化为基础的。"很显然，他是从主客体的关系角度理解物质，并且肯定了物质的多样性。

运动是物质存在的形式，是物质固有的属性。物质的多样性决定了运动形式的多样性，有"质量的运动"（即位移），也有"内在的和隐藏的运动"（即物体及物质分子的运动），还有"获得的运动"（由外部原因引起）和"自发的运动"（由内部原因引起）等。他把机械位移看作是运动的主要形式。霍尔巴赫用力学来解释运动，而机械力学遵循的是因果必然性，这使他不可避免地陷入机械决定论和绝对的必然性。

11. 霍尔巴赫的机械决定论

霍尔巴赫把人看作是一种自然物，人的感觉、思维都只是物质的运动，是身体的一部分。人的一切活动都受自然法则即因果必然性的限制，没有什么偶然性，偶然性只是掩盖人们对自然的无知而已。既然一切都出于必然性，人也就没有了自由意志。表面上由自由意志或思想导致的事件，其实质是物理或生理规律支配的结果。霍尔巴赫的机械决定论剥夺了人的自由，也没有看到精神、情感对人的重要意义。

12. 霍尔巴赫的战斗无神论

霍尔巴赫是彻底的无神论者，对宗教神学展开了猛烈的批判。他重点批判了宗教的基石：上帝。从认识论角度看，一切知识源于感觉经验，而对于上帝我们没有任何的感觉经验，无法证实上帝的存在。从逻辑上看，上帝观念中包含着自相矛盾，不符合逻辑的规则。霍尔巴赫进一步分析了宗教神学产生的根源。从认识根源看，宗教源于人的无知和恐惧，为了克服恐惧心理，人们按照自己的样子塑造了神的形象，希望从这种超自然的神秘力量中得到慰藉。从社会根源看，统治阶级以宗教神学为手段，利用人们的无知，达到统治和奴役人们的目的。显然这样的宗教神学带给人们的不可能是幸福，只能是伤害，宗教神学是一切社会罪恶的总根源。

【强化训练】

一、判断题

1. 18世纪的唯物主义在社会历史观上往往陷入唯心主义。　　（　　　）

2. 霍尔巴赫被认为是战斗的无神论者。　　（　　　）

3. 孔狄亚克的思想具有明显的理性主义倾向。　　（　　　）

4. 狄德罗建立了以利益为核心的功利主义伦理学。　　（　　　）

5. 霍尔巴赫认为宗教源于人的无知和恐惧，不是神创造人，而是人创造了神。　　（　　　）

参考答案：

1. √　2. √　3. ×　4. ×　5. √

二、多选题

1. 百科全书派哲学家有（　　　）

A. 拉美特利　　　　　　　　B. 狄德罗

C. 伏尔泰　　　　　　　　　D. 霍尔巴赫

2. 关于狄德罗，下列说法正确的有（　　　）

A. 是百科全书派的精神领袖　　B. 其唯物主义具有较强的思辨性

C. 主张精神是物质的感受　　　D. 是自然神论者

3. 关于爱尔维修，说法正确的有（　　　）

A. 提出感觉主义的功利主义　　B. 主张人是环境的产物

C. 提出从观察到理性的方法　　　D. 主张绝对的利己主义

4. 关于百科全书派，说法正确的有（　　　）

A. 在编纂《百科全书》过程中形成的派别

B. 代表观点是唯物主义及战斗的无神论思想

C. 反对封建特权制度和天主教会

D. 注重对人和社会的研究

5. 拉美特利的著作有（　　　）

A.《论精神》　　　　　　　　　B.《人是机器》

C.《人是植物》　　　　　　　　D.《心灵的自然史》

参考答案：

1. ABD　2. ABC　3. AB　4. ABCD　5. BCD

三、简答题

1. 百科全书派具有唯物主义的哪些共同特征？

2. 简述拉美特利的"人是机器"。

四、论述题

论述18世纪法国哲学的重要理论价值和实践意义。

五、材料分析题

"无论在任何时候，任何地方，无论在道德问题上，还是在认识问题上，都是个人利益支配着个人的判断，公共利益支配着各个国家的判断。"

上述材料体现了哪位哲学家的思想？试运用所学知识加以分析。

【拓展阅读】

案例1：狄德罗制作柳叶刀的故事

狄德罗是18世纪法国著名的启蒙思想家，百科全书派的领袖。这样一位众所周知的哲学家在中学时代也曾经厌学过。

18世纪20年代，狄德罗在一所天主教耶稣会中学就读。他在学校表现得十分出色，文采出众，成绩优异。老师和家长都对他寄予了厚望，相信有一天他会出人头地。这样一位优秀的学生有一天却告诉父亲他不想上学了。父亲虽然很惊讶但并没有责备他，而是让他去工厂当一名工人。

于是狄德罗离开了中学校园，去了他父亲的工厂当了一名制刀匠。他原以为这个活很轻松，可是接连5天他为制作一把柳叶刀忙得团团转，却还是没有制作好，而且还浪费了不少的材料。这个时候，父亲依然平静地问他是不是干不了这个活了。狄德罗一声不吭。第二天他很早就起床了，主动收拾好书包上学了。

后来狄德罗考取了巴黎大学并获得文学硕士学位。1745年，他开始主持编纂《百科全书》，这本书引领了法国启蒙运动的高潮。

【思考】这个故事对你有什么启发？

案例2：拉美特利的"人是机器"

"有多少种体质，便有多少种不同的精神，不同的性格，和不同的风俗。伽伦（公元二世纪希腊名医——引者注）就早已经认识了这一真理，而笛卡尔……则更推进了这个真理，进而认为只有医学才能借改变躯体而改变精神、风俗和习惯。这是真的，是黑胆、苦胆、痰汁和血液这些体液按照其性质、多寡和不同方式的配合，使每一个人不同于另一个人。"

"人体是一架会自己发动自己的机器：一架永动机的活生生的模型。体温推动它，食料支持它。没有食料，心灵便渐渐瘫痪下去，突然疯狂地挣扎一下，终于倒下，死去。这是一支蜡烛，烛光在熄灭的刹那，又会疯狂地跳动一下。但是你喂一喂那个躯体吧，把各种富于活力的养料，把各种烈酒，从它的各种管子里倒下去吧；这一来，和这些食物一样丰富开朗的心灵，便立刻勇气百倍了，本来一杯白水吃得他要临阵逃跑的那个兵士，这会儿变得剽悍非凡，应着战鼓的声音，迎着死亡，勇往直前了。这就叫做冷水浇得定下来的血，热水又使它沸腾起来。"

【思考】如何评价拉美特利的"人是机器"？

【参考答案】"人是机器"把人变成了纯粹的物，忽视了人的精神、情感、道德、意志等因素，对人的理解是片面的。但是在当时的历史背景下，这一思想打击了宗教神学对人的欺骗，启发人去追求现实的物质利益，具有进步性。

第六章
德国古典哲学

第一节　康德哲学

【学习目标】

了解德国古典哲学的产生、康德的生平著作；理解康德的二元论；掌握康德的哥白尼式的革命及三大批判；养成学以致知的探索精神，体验思考的乐趣与思想的魅力。

【学习要点】

1. 德国古典哲学的产生

德国古典哲学产生的时代背景。18世纪的德国在经济上、政治上都落后于西欧的其他国家。当时的英国和荷兰已经完成了资产阶级革命，确立了资本主义制度，而德国依然处于封建割据状态。由于封建制度的束缚，使得德国的资产阶级虽然有着革命的要求，但是没有将革命付诸现实的决心和勇气。资产阶级的软弱决定了他们"只是用抽象的思维活动伴随现代各国的发展"。德国古典哲学家用他们的思辨语言把握并表现了那个时代的精神。

德国古典哲学产生的思想渊源。德国古典哲学是从莱布尼茨—沃尔夫派的哲学中生长起来的，它从先天的原则、形式出发来寻求普遍性的知识；同时也意识到了唯理论自身的问题，并汲取了经验论的营养。更重要的是，它受到了法国启蒙思想的洗礼，敏锐地意识到在知识背后，还有一个更为重要的问题，即人的自由、价值和尊严。另外，泛神论和无神论对德国古典哲学的影响也比较大。

德国古典哲学产生的自然科学条件。18世纪的自然观建立在牛顿力学之上，这种自然观是静止的、机械的。但是到了19世纪，自然科学的重大发展证明自然界不是机械的，而身是辩证的、丰富的、多层次的。自然观的这种发展向当时的德国哲学提出了新的要求。

在上述背景之下，德国古典哲学应运而生。康德是德国古典哲学的开创者，谢林、费希特、黑格尔等是重要代表人物。

2. 康德的著作

康德的著作以1770年为界分成前批判时期和批判时期。在前批判时期，他主要研究自然哲学和形而上学，在1755年的《自然通史和天体理论》中提出著名的"星云假说"。1770年康德的教授就职论文《论感觉界与理智界的形式与原则》被看作是康德批判哲学的第一次表达，从此以后他的思想转入批判时期。从1781年开始，康德陆续出版了《纯粹理性批判》（1781年）、《未来形而上学导论》（1783年）、《道德形而上学原理》（1785年）、《实践理性批判》（1788年）、《判断力批判》（1790年）、《单纯理性范围内的宗教》（1793年）和《道德形而上学》（1797年）等著作。康德的三大批判被看作是他哲学思想的集中表达。

3. 哥白尼式的革命

康德说过："有两种事物，我对它们的思考愈是深沉和持久，它们在我心灵中唤起的惊奇和敬畏感就愈加日新月异，不断增长。这就是我头顶的星空和心中的道德律。""头顶的星空"和"内心的道德律"是康德哲学的两大主题，是康德为之思考、奋斗一生的哲学问题。"头顶的星空"是要解决科学知识的普遍必然性问题，"内心的道德律"是要解决人的自由问题，康德为此提出了哥白尼式的革命。

（1）解决科学知识的普遍必然性问题

康德登上哲学舞台之际，正是经验论和唯理论争论陷入僵局的时代，两派都没有能够证明科学知识的普遍必然性。康德看到了它们各自的局限性，主张调和二者：既承认一切知识都来自感觉经验，又同意唯理论的普遍必然性只能是先天的。经过长时间的思考，康德提出了一种大胆的假设：当年哥白尼把太阳和地球的关系颠倒过来，用日心说代替了地心说，从而解决了长期困扰天文学家的难题。依此类推，在认识论问题上，可以让主客体的关系发生倒转，不是知识符合对象，而是让对象符合主体的先天认识形式，这样问题就迎刃而解了。

（2）为人的自由留下地盘

康德的时代还有一个急需解决的问题，即自由的失落。在一个完全受因果必然性支配的世界，人的自由何在？康德认为，我们只能认识事物对我们的表象，而无法认识表象背后的事物自身，这就意味着在我们的认识领域之外还有一个不受认识形式限制因而可能是无限自由的领域。康德通过对认识能力的限制，为信念留下地盘。

综上，康德的哥白尼式的革命包含两方面的内容：一方面他通过让对象符合主体先天的认识形式来保证科学知识的普遍必然性，另一方面通过对认识能力的限制为自由留下地盘。仅仅把康德的哲学革命理解为前一个方面是片面的，实际上恰恰是后一方面真正体现了康德哲学的根本精神。康德的时代科学理性高歌猛进，人的自由、价值、尊严逐渐衰微，康德要重新确立人的价值和尊严。

【拓展】不仅是康德，在他之后的谢林、费希特、黑格尔等人也都致力于证明科学知识的普遍必然性。而今天的我们知道，实践决定认识，实践在不断发展，认识也在不断深化，没有放之四海而皆准的、永恒不变的真理存在。这也是黑格尔之后德国古典哲学迅速衰落的重要原因。当然，我们也不能用现代人的观点苛求德国古典哲学家们，毕竟我们也是站在前人的肩膀上看问题的。

4. 现象和物自体（自在之物）之分

康德的哥白尼式革命的前提是他的二元论，即他把世界分为现象和物自体。

在康德那里，现象是指一种主观的感觉现象，它是由自在之物作用于我们的感官而引起的。这与我们通常把现象理解为自然现象（即独立于我们的意识之外而存在的客观事物）不同。

物自体是指在我们之外存在着的刺激我们的感官而产生感觉的东西，也指在理论上无法把握的超感性现象和社会伦理生活的理想目标。

康德认为我们所能认识的只是现象，自在之物不可知，在现象界我们可以克服休谟的怀疑论而获得普遍必然性的知识。康德的这种思想被称为二元论和不可知论。

5. 如何看待康德的二元论和不可知论

一种观点认为康德的批判哲学不彻底，还保留了不可知的自在之物，如费希特就认为康德是"半个批判主义者"。而且二元论思想也使得本质与现象的对立更加突出。另一种观点则认为二元论和不可知论恰恰是康德哲学的出发点，是他整个哲学体系得以建立的前提和基础。康德不是陷入了二元论和不可知论，而是一位自觉的不可知论者和二元论者，是一生都为"头顶的星空"和"内心的道德律"而不停思索的哲学家。显然后一种观点更合理。

6. 康德为什么要设定自在之物

康德设定自在之物的理由如下：一是为了解决现象的来源问题。现象是由自在之物作用于我们的感官引起的。二是为了给我们的认识能力树立界限。把知识限制在现象界，以保证我们获得的知识具有普遍必然性。三是为了给那些虽不可知、却应当相信的东西如自由意志、灵魂不朽和上帝存在留下地盘。

【拓展】康德受休谟影响很大，但是二者在认识论上又有不同。康德认为自在之物虽然不可知，但是作为现象的来源，它是必要的；休谟从彻底的经验主义立场出发，认为实体（对应康德的自在之物）超出了人的感觉经验，因此我们对实体的存在与否不能下任何结论，即实体不可知。康德认为在现象界，我们通过先天的认识形式能够获得普遍必然性的知识；休谟的归纳推理则告诉我们因果关系只不过是主观心理习惯性联想的产物，我们通过经验所获得的知识都是或然的。

7. 康德的三大批判概述

康德的哥白尼式的革命还只是一种假说，它的成立还需要证明人类理性有先天的认识形式，并且先天认识形式能够作用于后天的质料，也就是要考察理性的认识能力，康德称之为批判。

《纯粹理性批判》考察的是人的认识能力，回答"我们能知道什么"的问题。康德认为我们只能获得关于现象界的知识，对于现象之外的物自体领域我们是一无所知的。

《实践理性批判》考察的是人的欲望能力，回答"我们应该怎样做"的问题。为此康德提出绝对命令："要这样做，永远使得你的意志的准则能够同时成为普遍制订法律的原则。"

《判断力批判》考察的是人的情感能力，回答"我们可以抱有什么希望"的问题，它是沟通前两大批判的中介和桥梁。康德认为通过审美活动和目的论批判，人们就能够从自然过渡到自由，从自然人成为道德人。

三个问题合起来，就是"人是什么"的问题，在康德看来，人是知情意的统一体。

8. 先天综合判断何以可能

康德从知识入手来考察人的认识能力。他认为知识的基本单位是判断。判断在休谟那里有两类：分析判断和综合判断。分析判断，如"物体是有广延的"，判断的谓词"有广延的"原本就蕴含于主词"物体"之中，是从主词中分析出来的，因而这类判断具有普遍必然性。但它与经验无关，因而不能增加我们的知识。综合判断，如"这朵花是红色的"，谓词"红色的"就不是从主词"这朵花"中分析出来的，因为这朵花可能是红色，也可能是黄色、白色等其他颜色。"红色"是我们后来经验的结果，是我们的经验加在主词之上的。这类判断能够增加我们的知识，但是没有普遍必然性。

在这两类判断的基础上，康德提出第三种判断：先天综合判断。如"一切发生的事都是有原因的"，谓词"有原因的"并不是从主词"一切发生的事"中分析出来的，所以它不是分析命题。但是"有原因的"与"一切发生的事"之间又有普遍必然的联系，这种普遍必然联系不可能来自经验，只能是先天的。在康德看来，先天综合判断既有普遍必然性，又能够增加我们的知识，一切科学知识都是先天综合判断。这样问题就转化为先天综合判断何以可能的问题。

康德将先天综合判断分为三类：数学的、自然科学的和形而上学的。与此相对应，先天综合判断如何可能就分解为：纯粹数学如何可能、纯粹自然科学如何可能、形而上学作为自然倾向如何可能、形而上学作为科学如何可能这四个问题。对这四个问题的回答分别构成了他的先验感性论、先验分析论、先验辩证论和先验方法论。

9. 先验感性论

先验感性论考察的是人的感性能力，回答的是纯粹数学何以可能的问题。在这一阶段康德要完成两项工作：一是考察在感性阶段主体的先天认识形式。二是要说明时间和空间是一切经验的先天条件，即没有时间和空间，我们不可能有经验。

在康德看来，虽然一切知识都起源于经验，但是这种经验并不是纯粹的，它是经过人类先天认识形式整理过了的。我们对任何一个感觉经验进行静态分析，都会发现它有两种成分：一是自在之物刺激人的感官所引起的感觉，但这种感觉只是一团混沌的心理状态，还形成不了认识；二是用先天的直观形式对混沌感觉加以整理和规范，形成感性直观知识。这种先天的直观形式，就是时间和空间。空间是外感官的形式，是感知一切外部现象的先天直观形式；时间是内感官的形式，是感知一切内部现象的先天直观形式。

康德对时间和空间是主体的先天认识形式的证明包括"形而上学的阐明"和"先验的阐明"两个方面。

"形而上学的阐明"是要说明时间和空间作为纯直观形式的先天性质，说明它们不是后天的经验概念。康德对空间的证明：我们感知事物必须以空间为前提，因而空间不是由外部经验得来的；空间是先天的，我们可以想象一个没有任何事物的纯粹空的空间，却不能想象离开空间而存在的事物；空间是直观的，只有一个空间，它不是从经验中得来的。康德对时间的证明：时间不是从经验中得来的，而是人们感知事物的先决条件，时间具有先天性；时间不是通过经验而获得的经验概念，而是直观的。

"先验的阐明"意在证明时空是一切经验的先天条件。具体来说，要证明空间是几何学之所以可能的先天条件，时间是算术之所以可能的先天条件。几何学的基本定理"两点之间线段最短"中，"短""线段"都是相对于空间而言，没有空间概念，就没有几何学，所以空间是几何学之所以可能的先天条件。算术中最基本的是数数：1，2，3，4，……这些数字是前后相继的，必定以时间为前提，没有时间也就没有算术，所以时间是算术之所以可能的先天条件。因此空间与时间是我们感知事物的先决条件。

10. 先验分析论——范畴

先验分析论考察的是人的知性能力，回答的是自然科学如何可能的问题，即先天综合判断如何构成自然科学知识。它也是由先天的认识形式和后天的质料两部分构成，知性的先天形式康德称之为"范畴"，知性的后天质料就是感性所提供的经验材料。感性与知性是相辅相成的，感性提供材料，知性提供概念去整理经验材料，从而形成科学知识。

康德的"知性纯概念"即"范畴"是他从传统的已有的形式逻辑中引出来的。形式逻辑有四组十二个范畴，与之相对应，康德的范畴表也是四组十二个范畴，分别是量的范畴：单一性、复多性、总体性；质的范畴：实在性、否定性、限定性；关系的范畴：实体与偶性、原因和结果、作用和反作用；模态的范畴：可能性与不可能性、存在性与非存在性、必然性与偶然性。这些范畴构成了康德的先验逻辑系统。先验逻辑与形式逻辑不同：形式逻辑只关乎形式而与内容无关；而先验逻辑是关于内容的逻辑，它不仅在形式上要符合逻辑的要求，而且还是形成一个客观对象及其经验知识所必需的条件。

【拓展】亚里士多德是最早提出范畴的哲学家，他的范畴对康德有很大影响，但二者对范畴的理解又有所不同。亚里士多德认为范畴是构成世界的逻辑结构，而康德认为范畴不是世界的逻辑结构，而是我们认识世界的逻辑结构。这种对范畴的不同理解，是因为在古希腊，人与自然还是一体的，主体与客体、主观与客观还没有分离开，致使希腊的思想家们认为自己看到的、想到的都是世界本身所固有的，把认识到的世界的逻辑结构想当然地认为是世界本身的逻辑结构。而生活在18世纪的康德，经过了近代主体与客体、主观与客观分离思想的洗礼，其思想更加谨慎，逻辑也更加严密，因而能够意识到我们看到的世界、思考的世界并不一定是世界本身，而只是世界在我们心中的呈现而已，至于世界本身，在康德那里是物自体，是不可知的。

11. 先验分析论——先验演绎

在康德看来，自然科学知识之所以可能是因为知性范畴去整理在感性阶段所获得的经验材料，从而形成知识。正如在先验感性论里康德要说明时间和空间是算术和几何学的先天条件一样，在先验分析论里，康德也要说明为什么知性范畴是经验的先天条件，这就是他的范畴的先验演绎所做的工作。康德的先验演绎分为主观演绎和客观演绎。他在1779年的《纯粹理性批判》第一版中侧重于主观演绎，受到批评之后在1787年的《纯粹理性批判》第二版中侧重于客观演绎。

主观演绎要说明知识形成的主观条件。康德的分析是从综合开始，知识是联结杂多的表象，这需要综合。综合从何而来？综合不能来自感觉，因为感官只有被动接受性，没有联结的能力。综合也不可能来自对象本身，因为物自体不可知。因为对象是我们的表象，因此能够把表象结合在一起的同一性最终源于我们意识的同一性，而意识的同一性必须以自我的同一性为前提，所以一切认识的最高根据就是先验主体的自我同一性，康德又称为先验自我、先验统觉等。康德抽丝剥茧，最终找到了先验自我作为知识得以可能的先天条件。

客观演绎要证明范畴对于经验的客观有效性，即范畴是构成经验的先决条件。客观演绎是从主观演绎的结论即自我的先验同一性出发，认为一切知识都是经由自我意识的先验统觉作用建立的。而自我意识的同一性又是以杂多表象中综合的统一性为前提，因为如果杂多表象中没有综合的统一性，就无法知道我是我，就无法建立分析的统一。这就需要一个中介来联结先验的统觉和直观的杂多表象，范畴就是这个桥梁。在先验自我和杂多表象之间，范畴就起着综合统一的功能，它一方面把先验自我的同一性带给了对象，一方面又把综合而成的对象带到了先验自我之中。没有范畴我们就不可能有经验对象，也不可能形成知识，所以说范畴是构成经验的先决条件。

12. 先验分析论——人的知性为自然立法

康德关于范畴的先验演绎自然地就引出了"人的知性为自然立法"的思想。这里的"自然"不是客观存在的自然事物，而是指一切可能经验之表象的总和。范畴具有综合统一的功能，能够把杂多的表象联结在一起。也就是说，一切现象都要服从范畴的综合作用，范畴加诸其上的法则就是自然规律。

按照康德的看法，人的认识过程不是一个在实践过程中反映事物发展规律的过程，而是主体向自然界强加规律的过程，这就是"人的知性为自然立法"。"人的知性为自然立法"强调了认识过程中知性的重要作用，彰显了人在自然界中的主体地位。但是康德否认自然规律的客观性，将之归结为范畴的综合作用，是一种先验唯心论。而且，他把自然仅仅理解为现象的总和而不是自然界本身，这就使得他的先验唯心论最终走向不可知论。

13.先验辩证论——先验幻相

先验辩证论考察的是人的理性能力（消极理性），回答的是形而上学作为自然倾向如何可能的问题。康德认为范畴只能运用于经验的范围，一旦超出经验之外使用就会产生幻相，这就是以往形而上学家所犯的错误。

感性被动地接受杂多的表象，知性运用范畴联结杂多表象进行判断、形成知识。但人类理性不满足于单个知识，它要把知识联系起来形成知识体系，追求知识的完整性。理性的作用是"调整性"的，引导知识进一步完善，理性调整知识的工具就是理念。

康德提出三个先验理念：灵魂，即一切精神现象的统一体（主观世界）；宇宙，即一切物理现象的统一体（客观世界）；上帝，是以上二者的统一体（世界之全体）。这种统一性只是某种"理想的统一性"而不是"现实的统一性"，只是人们调整知识的工具而不是认识的对象。但是传统形而上学错误地把理念之"理想的统一性"当作了"现实的统一性"，企图获得关于这些理念的知识，实际上把知性范畴做了超验的使用，这样就会产生幻相。康德对形而上学根据三个理念而形成的"理性心理学"（以灵魂为对象）、"理性宇宙论"（以世界为对象）、"理性神学"（以上帝为对象）进行了全面系统的批判。

14.先验辩证论——理性心理学的悖谬

理性心理学的前提是：灵魂是一种实体，因而是知识的对象。理性心理学证明"灵魂是实体"的三段论推理如下：实体是只能作为主体而被理解的东西（大前提），灵魂（思维者）是一种只能作为主体而被理解的东西（小前提），因而灵魂是实体（结论）。

康德认为，这个三段论推理的错误在于大前提和小前提中的"主体"含义不同，大前提中的"主体"是指事物的独立存在，即在时空中现实的存在。而小前提中的"主体"则指自我意识，不是实体。理性心理学错误地把认识主体当作了实际存在的主体，把逻辑的主语当作了实际的主语。因而从这一前提推导出的结论，如灵魂是单纯的、不朽的等，也都不能成立。

15. 先验辩证论——理性宇宙论的二律背反

理性宇宙论的二律背反是指把宇宙当作整体去认识，就会对这同一个对象产生两种不同的观点，它们各自有其依据，但相互之间又是矛盾的。

康德按照范畴的量、质、关系、模态的分类把二律背反列为四组。第一组，正题：世界在时间上和空间上是有限的。反题：世界在时间上和空间上都是无限的。第二组，正题：世界上的一切都是由简单的不可分的部分构成。反题：世界上的一切都是复合的和可分的，没有简单的东西。第三组，正题：世界上存在着绝对的自由。反题：世界上的一切都受因果必然性的支配，没有自由。第四组，正题：世界上存在着一个绝对的必然存在者，它是世界的一部分或世界的最初原因。反题：世界上不存在一个绝对的必然存在者，没有世界的最初原因。

康德认为二律背反产生的根源在于把物自体等同于现象，把只能用于现象的知性范畴用来规定自在之物，即把范畴运用到了超验的领域。因而只要把现象与自在之物区别开来，把知性范畴只运用在经验的领域，幻相即可解除。其中，第一、第二组二律背反的正题和反题都是错误的，因为它们的认识对象都是自在之物，而自在之物是不可知的。第三、第四组二律背反中，正题只适用于自在之物，反题则只适用于现象界，只要加以区分，就可以避免幻相。

【拓展】康德的辩证法与苏格拉底的辩证法有什么不同？

康德是在消极意义上使用辩证法，即对同一个对象，有两种截然对立的看法，而这两种看法貌似都能够自圆其说，其根源在于知性范畴做了超验的使用。而苏格拉底的辩证法是积极意义的，通过对话揭露对方的矛盾，迫使他不断修正自己的观点，逐渐向真理靠拢，他的辩证法是不断向真理接近的方法。

16. 先验辩证论——理性神学的理想

康德批判了关于上帝存在的三种证明：本体论证明、宇宙论证明和目的论证明。后两种证明都是以本体论证明为前提。因此，康德着重驳斥了关于上帝存在的本体论证明。关于上帝存在的本体论证明最初是由中世纪经院哲学家安瑟伦提出来的，他的基本观点是从上帝的观念推出上帝的存在。康德认为"存在"并不是实在的谓词，并不意味着它在时空中的存在，而只是一个系词，表示"上帝是"，上帝是什么需要经验加以确定。本体论证明的错误在于把逻辑上的系词等同于一个实在的谓词，把逻辑主语的上帝当成了现实中的上帝。

上帝存在的宇宙论证明和目的论证明是从经验世界出发，通过对经验世界的原因或目的的不断追溯，推论出一个最后的原因或最高的目的来，即上帝，如托马斯·阿奎那关于上帝存在的"五路证明"。但是经验世界的所有事物是我们可以经验到的，是认识的对象；而上帝是超验的，没有人经验到上帝，如何从经验世界跳跃到经验之外的超验的上帝呢，最后还得依赖于本体论证明，而本体论证明已经被康德驳斥了。所以关于上帝存在的宇宙论证明和目的论证明也是不成立的。康德认为目的论证明虽然不成立，但其背后隐藏着人的道德情感需要，因而我们出于道德的原因而应该相信上帝的存在。

康德批判形而上学的目的并不是要摧毁形而上学，而是要重建形而上学。他认为未来形而上学的出路就在道德自由之中。

17. 先验方法论

先验方法论考察的是人的理性能力（积极理性），回答的是形而上学作为科学如何可能的问题。康德对传统形而上学批判的目的是建立科学的形而上学。他的科学形而上学包括自然形而上学和道德形而上学。关于科学形而上学，康德已在《纯粹理性批判》中奠定了理论基础，建立科学形而上学的先验方法主要是对纯粹思辨理性进行训练，抑制独断论的倾向。

道德形而上学主要体现在他的后期著作《道德形而上学》中。康德更看重道德形而上学，因为它体现了人的本性。为此，康德要求在实践方面建立纯粹理性的法规。纯粹实践理性的法规就是对道德目的的追求，相信来世和上帝，这就由纯粹理性批判过渡到实践理性批判。

18. 善良意志

康德的实践理性批判讲道德，他首先要回答道德何以可能的问题。人的存在具有双重性，一方面人作为自然的存在，受到自然法则的限制，一切受因果必然性支配，人是没有自由可言的，没有了自由也就没有了选择，无所谓道德不道德。另一方面，人又是有理性的存在，他虽然终其一生摆脱不了自然规律的限制，但有自由选择的权利，这种自由选择就为道德提供了存在的理由。

与功利主义者不同，康德的道德哲学强调动机论。他主张道德应该是出于人的理性自身的决定，而不管其经验的效果。同一个行为，可能有许多不同的动机，康德认为只有一种动机是出于善良的意志，只有这种行为才有道德意义。其他的动机可能对他人也有利，但不是出于善良的动机，因此都称不上是有道德的。显然，康德的道德与经验完全没有关系，它是纯粹形式上的，是为道德而道德。

康德看到了仅仅注重行为的后果带来的对人的价值和尊严的忽视，但是他由此走向了另一个极端：动机论，而且是出于善良意志的唯一动机。这样的要求显然脱离了人的经验生活，是处于现实生活中的人无法达到的。人存在的双重性决定了他必然在两个世界之间来回摇摆，不可能过一种完全德性的生活。但如果把康德的道德哲学作为一种道德理想，对人们是有指引作用的。

【拓展】康德在《实践理性批判》中指出："自由是道德法则的存在理由，道德法则是自由的认识理由。"这是不是一种循环论证？为什么？

不是循环论证。"自由是道德法则的存在理由"是说自由是道德的前提，没有自由就没有道德。"道德法则是自由的认识理由"是因为自由是不可知的，只能通过论证道德法则是存在的，来说明自由是现实的。

19. 绝对命令

在康德看来，道德服从理性的法规，表现为"应该如此做"或"不应该如此做"，他称之为"绝对命令"（"定言命令"）。"定言命令"是一种无条件的命令式，没有其他别的目的，没有任何的条件。

根据定言式的形式，康德推导出绝对命令的普遍准则："你的行动，要使你的准则通过你的意志上升为普遍的法则。"即绝对命令是对一切有理性者都普遍有效的道德法则。我们判断一种行为是不是道德的，依据就是它是不是对一切有理性者都普遍有效。很明显，康德在实践领域也追求先天性，即普遍必然性，要求意志的规定要对一切有理性的存在都普遍有效，这样的一种规定不可能出自于经验，因为经验没有普遍必然性，而只能出自于纯粹理性自身。

从绝对命令的普遍法则，康德引申出两条推论：人是目的和理性为自身立法。

在康德看来，道德法则要对一切有理性的意志都普遍有效，就必须把他人和自己一样都看作是目的，而不能把自己看作是目的，把他人看作是手段。康德在这里表达了人人平等的思想。同时，以人为目的体现了康德对人的价值和尊严的弘扬。

"人是目的"点明了人的动机，却没有说明这种动机是服从自己的意志还是外来的命令，为了回答这一问题，康德提出了意志自律：对一切有理性者普遍有效的法则是每个意志的立法者出于纯粹理性自身的目的自己制定法则、自己遵守。作为有理性的存在者，既是立法者也是守法者。由此康德得出"理性为自身立法"。

康德认为纯粹理性自己立法、自己守法，不受经验的限制，这恰恰体现了人的自由。在某种意义上说，自由就是自律。自由是人出于理性的法规而自己去规定自己，自己去立法、守法，这就要求排除经验的、感性的、情感的束缚和限制，需要极大的勇气和力量。也因此，康德认为德性就是力量。

【拓展】比较"理性为自身立法"和"知性为自然立法"？

"理性为自身立法"是自律，理性自己立法自己遵守，体现了人的主体性、价值与尊严。"知性为自然立法"是他律，知性需要感性直观提供的杂多表象，受其制约。

20. 实践理性公设

道德法则是无条件的，它只是出于理性自身的目的。但是这样一种高高在上的绝对命令人们很难去遵守。因为人生活在两个世界：理性世界和经验世界。经验世界的人追求现世的幸福，如果"好人没好报"，就很难激发起人们追求道德的勇气和信心。康德并不否认人的感性欲望，他也想把两个世界统一起来。他主张最完满的善即"至善"应该是德性与幸福的统一，即德福一致，有德性的人才配享有幸福。为此，他提出了实践理性的三个公设。公设只是一种假定，不是纯粹理性的产物，但又是我们有充足理由相信的。

第一条公设是意志自由，这是三条公设中最重要的。因为有了意志的自由，才能凭借自己的意志作出自由的选择，道德才有了可能。

第二条公设是灵魂不朽。人作为有限的存在，很难在这一世达到"至善"境界。唯有相信灵魂不朽，生命生生不息，"至善"才有可能实现。

第三条公设是上帝存在。上帝是全知全能全善的，是最公正的裁判者，只有他才能保证德福一致，使有德之人享有幸福。

以往的道德是建立在神学的基础之上，上帝保证了善有善报、恶有恶报。而康德恰恰相反，他的神学是建立在道德的基础上，是出于道德哲学的需要。

【拓展】康德在《纯粹理性批判》中驳斥了上帝存在的各种证明，在实践理性公设中又把上帝召回来，这是不是自相矛盾？

不矛盾。康德的思想前后是一致的，他说"我必须限制知识，以便为信念留地盘"。也就是说，上帝不是认识的对象，所以在《纯粹理性批判》中要把上帝赶出去。但是上帝又是信仰的对象，是我们应该相信的，所以在实践领域上帝又回来了。

21. 实践理性的优先地位

人类理性有两种：理论理性和实践理性。康德认为，这两种理性不是并列的，实践理性应该处于优先地位、统治地位。因为如果让理论理性统治实践理性，人的自由将无存身之地。康德哲学的主要目的并不仅仅是为了论证科学知识的普遍必然性，更是为了维护人类理性的自由，为了弘扬人的价值和尊严。

22. 两种判断力

康德认为在人的认识能力和欲求能力之间，还有一种情感能力，情感能力沟通认识能力和欲求能力。情感能力在先天的方面是通过反思性的判断力表达出来。所谓"判断力"，就是把特殊包含在普遍之下进行思想的能力。判断力有两类：一类是"规定判断力"，一类是"反思判断力"。

规定判断力是先有概念、法则，再用它们去规定经验材料，从而形成经验对象和知识。如"知性为自然立法"。

反思判断力则相反，它是先有感性材料，但是缺乏概念、范畴去规定它，这种情况也要为这些感性材料寻找普遍性。这种判断力不是去规定客体，而是从主体方面去反思如何带给经验以普遍性，因而是反思判断力。反思判断力是必要的，因为虽然知性为自然立法，但是知性范畴毕竟是有限的，而自然界的事物却是千差万别的，不可能把所有事物都纳入知性法则之下。康德把反思判断力分为审美判断力和目的论判断力。

23. 审美判断

审美判断讨论了美、崇高和艺术。

（1）美

康德认为，一个事物作为审美对象，美不美与事物本身的性质无关，而是看它是否符合主观的目的性。审美表达的不是对事物的认识，而是对事物的情感、态度。

审美判断按照质、量、关系、模态分为四个层次，即美的四个契机。从"质"的方面看，美是主观的、无利害的快感。美与对象没有关系，不受对象的限制。就"量"而言，美是没有概念的普遍性。概念的对象具有普遍性，而美是以个体为对象，却又要求普遍的同意。从"关系"上看，美是主观形式的合目的性。审美判断在内容上是无目的的，但又符合了我们主观的目的性。从"模态"上看，美是人类"通感"引起愉悦的必然性。在美的形象和美感之间有某种必然性，即心意共通。总之，美是无利害的主观合目的性，它只是出于主观的形式而不受对象的限制，是一种对自然的无功利的自由观照，从而构成了从自然过渡到自由的中间环节。

（2）崇高

除了美，康德还讨论了崇高。美是想象力与知性自由协调的活动，崇高则是想象力与知性不能协调带来的痛感，从而转向与更高的认识能力即理性的协调。崇高分为数学的崇高和力学的崇高。数学的崇高主要由时间和空间的无限性所引起的，如耸入云霄的山峰，一望无垠的星空。力学的崇高是自然的压力与人抵抗时激发出的一种力量，如狂风骤雨、地崩山裂。这些自然压力虽然给人带来了恐惧和痛苦，但同时也激发了人想把握无限的能力，激发起人内心的崇高感：虽然人在自然面前是渺小的，但人的理性可以使人超越大自然，因为大自然是盲目的，只有人是有理性的、是自觉的。这种崇高感与人的道德感相联系。

（3）艺术

美和崇高引起了人的自由的愉悦，是一种共通感，这种共通感在现实中需要靠艺术来传达。艺术是经验的，它在人与人之间传递情感。艺术的先天条件是"天才"，天才给艺术立法规。艺术家不能单纯临摹，而要在观摩艺术品后激发自己的天才去创造。创造要考虑到共通感，不能仅凭个人意愿和想法。相比于艺术，康德更重视自然美。

【拓展】道德行为是不是康德所说的美？

康德的美是无功利的、无目的的主观的愉悦感，它与审美对象无关。道德行为虽然是超功利的，但它也要考虑道德行为的后果，如果没有达到预期的效果，很难引起人的愉悦感。道德是有目的的，它期望达到客观的效果，因此道德行为不是康德所说的美。

24. 目的论判断

审美判断只是主观的合目的性，要把自然与自由这两大领域统一起来，还需要客观的合目的性，即目的论判断。

康德把目的论分为外在目的论和内在目的论。外在目的论是指一个事物的存在是另一个事物达到其目的的手段，它是一种外在的关系。这种外在的目的无法说明自然界中有机体的存在。有机体的存在需要我们把自然看成是一个合目的性的体系。这样一个目的体系从低到高，必定有一个最高的目的。这个最高的目的就是人，一切存在都以人为目的。因为只有人是有理性的，能够形成目的概念。

自然的最高目的是人，但在自然状态下不同的人就有不同的目的，甚至是相互冲突的目的，这样整个自然界还是没有统一的目的。人要脱离自然状态往前发展，就要超越感性，依靠理性。人的理性原则有两种：一种是幸福的理念，一种是文化的理念。相比于其他存在物，自然并没有善待人类，因而自然的最高目的不是人的幸福，而是人的文化。人通过劳动改造自己的生活，把自己的主观目的在自然界中实现出来。人类认识自然、改造自然的过程也是自然的人化过程，最终创造了一个文化的世界。

文化的目的是自然目的体系的终极目的，是无条件的。人身上什么东西是无条件的？唯有道德，这个终极目的只能是道德。这样，康德就实现了从自然人到文化人最后到道德人的提升。

【强化训练】

一、判断题

1. 康德是德国古典哲学的开创者和奠基人。 （   ）

2. 德国古典哲学反映了德国的民族精神和时代精神。 （   ）

3. 康德哲学是从二元论出发的。 （   ）

4. 康德认为理性的作用是"调整性"的，它与经验无关而只与知识相关。 （   ）

5. 康德的范畴是指自然界本身就具有的逻辑结构。 （   ）

6. 康德批判形而上学的目的是要彻底摧毁形而上学。 （   ）

7. 康德的实践还只限于伦理学的范围。 （   ）

8. 康德的神学是建立在道德的基础上。 （   ）

9. 《判断力批判》考察的是人的欲望能力。 （   ）

10. 康德认为自然的最高目的是人的文化，文化的终极目的是道德。

（   ）

参考答案：

1. √   2. √   3. √   4. √   5. ×   6. ×   7. √   8. √   9. ×   10. √

二、多选题

1. 德国古典哲学的代表人物有（   ）

A. 康德   B. 费希特

C. 谢林   D. 黑格尔

2. 康德的著作包括（   ）

A.《纯粹理性批判》   B.《实践理性批判》

C.《判断力批判》   D.《未来形而上学导论》

3. 康德认为理性有三种理念是（   ）

A. 道德   B. 灵魂

C. 宇宙   D. 上帝

4. 感性阶段的先天直观形式是（   ）

A. 范畴   B. 理念

C. 时间　　　　　　　　　　D. 空间

5. 康德认为理性是（　　）

A. 比知性更高一级的认识能力

B. 进行推理的能力

C. 与经验无关的，因而是无价值的

D. 从有条件的东西去追溯无条件者

6. 实践理性公设包括（　　）

A. 意志自由　　　　　　　　B. 灵魂不朽

C. 客观世界的存在　　　　　D. 上帝存在

7. 实践理性公设的作用在于（　　）

A. 确保德福一致　　　　　　B. 使人确信能够达到至善

C. 激励道德勇气和信心　　　D. 培养向善的道德情感和习惯

8. 关于康德的道德法则，下列说法正确的有（　　）

A. 是必然的法则

B. 是人不得不服从的法则

C. 是人应该遵从却不一定遵从的法则

D. 表现为命令他"应该做什么"

9. 审美判断力的三个最重要的主题是（　　）

A. 反思　　　　　　　　　　B. 美

C. 崇高　　　　　　　　　　D. 艺术

10. 康德对美的分析表明（　　）

A. 美是纯粹形式的

B. 美是主观的合目的性

C. 美服从于知性之必然的自然法则

D. 美是一种对自然的无涉功利的自由观照

参考答案：

1. ABCD　2. ABCD　3. BCD　4. CD　5. ABD

6. ABD　7. ABCD　8. CD　9. BCD　10. ABD

三、简答题

1. 简述康德的现象与物自体。

2. 康德为什么要设立自在之物？

3. 简述康德对理性神学的批判。

4. 简述康德的实践理性公设。

5. 为什么实践理性优先于理论理性？

6. 简述康德的两种判断力。

7. 简述康德关于美的四个契机。

四、论述题

1. 论述康德的哥白尼式的革命。

2. 二律背反产生的原因是什么？如何消除二律背反？

3. 论述康德的先验感性论。

4. 论述康德的绝对命令。

5. 论述康德的目的论判断。

五、材料分析题

1. "自然界的最高立法必须是在我们心中，即在我们的理智中"，"理智的（先天）法则不是理智从自然界中得来的，而是理智给自然界规定的"。

上述材料体现了哪位哲学家的思想？试运用所学知识加以分析。

2. "每个有理性者的意志的观念都是普遍立法意志的观念"，从而"每个有理性的存在，在任何时候都要把自己看做是一个由于意志自由而可能的目的王国中的立法者"。

上述材料体现了哪位哲学家的思想？试运用所学知识加以分析。

【拓展阅读】

案例1：卢梭对康德的影响

康德从小体弱多病，因此养成了严格的生活作息习惯，如几点起床、几点写作、几点散步、几点休息等都是固定的。据说康德每天下午三点半（也有人说是四点）出门散步，风雨无阻，以至当地的居民会在他下午出门散步时来对表。但有一天，康德没有按时出门散步，邻居问他的仆人康德是不是生病了。其实康德没有生病，而是读卢梭的《爱弥儿》忘记了出门散步。

多年后，康德在一封信中跟他的朋友这样叙述卢梭对他的影响，他说："我自以为爱好探索真理，我感到一种对知识的贪婪渴求，一种对推动知识进展的不倦热情，以及对每个进步的志得意满。我一度认为，这一切足以给人类带来荣光，由此我鄙夷那帮一无所知的芸芸众生。是卢梭纠正了我。盲目的偏见消失了，我学会了尊重人性，而且假如我不是相信这种见解能够有助于所有其他人去确立人权的话，我便应把自己看得比普通劳工还不如。"

【思考】卢梭对康德有什么影响？

【参考答案】康德在早年坚持只有知识才能造福人类，甚至瞧不起没有知识的普通人。卢梭对于启蒙主义的反思使康德意识到科学知识的局限性和自由问题的重要性，学会了尊重人。康德认识到真正体现人的价值的不是知识，而是道德。

案例2：康德的故事

1779年，康德想要去一个名叫珀芬的小镇拜访他的一位老朋友威廉先生。于是，他写了信给威廉，说自己将会在3月5日上午11点钟之前到达那里。威廉回信表示热烈的欢迎。

康德3月4日就到达了珀芬小镇，为了能够在约定的时间到达威廉先生那里，他第二天一早就租了一辆马车赶往威廉先生的家。威廉先生住在一个离小镇十几英里远的农场里。而小镇和农场之间，隔着一条河。康德需要从桥上穿过去。但马车来到河边时，车夫停了下来，对康德说："先生，对不起，我们过不了河了，桥坏了，再往前走很危险。"

康德只好从马车上下来，看看从中间断裂的桥，他知道确实不能走了。此时正是初春时节，河虽然不宽，但河水很深。康德看看时间，已经10点多了，他焦急地问："附近还有没有别的桥？"

车夫回答："有，先生。在上游的地方还有一座桥，离这里大概有6英里。"康德问："如果我们从那座桥上过去，以平常的速度多长时间能够到达农场？""最快也得40分钟。"车夫回答。这样康德就赶不上约好的时间了。

于是，康德跑到附近的一座破旧的农舍旁边，对主人说："请问您这间房子肯不肯出售？"农妇听了他的话，很吃惊地说："我的房子又破又旧，而且地段也不好，你买这座房子干什么？""你不用管我有什么用，你只要告诉我你愿不愿意卖？""当然愿意，200法郎就可以。"

康德毫不犹豫地付了钱，对农妇说："如果您能够从房子上拆一些木头，在20分钟内修好这座桥，我就把房子还给你。"农妇再次感到吃惊，但还是把自己的儿子叫来，及时修好了那座桥。

马车终于平安地过了桥。10点50分的时候，康德准时来到了老朋友威廉的房门前。一直等候在门口的老朋友看到康德，大笑着说："亲爱的朋友，你还像原来一样准时啊。"

【思考】康德的故事对你有什么启发？

案例3：多维度空间

零维：没有长宽高，单纯的一个点，即奇点。

一维：只有长度，即线。

二维：平面世界，只有长宽，即面。

三维：具有长、宽、高三种度量的立体世界。

四维：根据爱因斯坦的相对论，我们生活中所面对的三维空间加上时间构成所谓四维空间。

五维：在这个空间中时间或许是以具体的以线的方式存在。

弦理论预言空间维度总共有11个维度，再加上反物质空间等特殊空间，大概有26个空间，但我们人类仅探索到5个维度，而其他的6个维度则被称为超空间。

具有不同空间维度的生物对同一个事物感知到的结果是不一样的。如一个普通的杯子，三维空间的生物能够看到它的长宽高，二维空间的生物则只能看到长和宽，看不到高度。这说明不同的空间中的生物的感觉形式是不同的。

【思考】结合上述材料，如何评价康德把空间作为主体的先天认识形式？

【参考答案】康德把空间看作是主体先天固有的认识形式，否认了空间的客观存在，是一种先验唯心论。但其中也蕴含着极为丰富的、有价值的思想。在康德之前，不管经验论者，还是唯理论思想家，都把感觉看作是被动地接受外物的刺激。康德却敏锐地发现了感觉之中有人的主体性的参与。虽然他夸大了主体的作用，但不能因此抹杀他的贡献。

第二节　费希特哲学与谢林哲学

【学习目标】

了解费希特对康德哲学的批判、谢林对费希特哲学的批判；理解费希特的理论知识学、实践知识学及谢林的启示哲学；掌握费希特的知识学原理、谢林的自然哲学和先验哲学。

【学习要点】

1.费希特对康德哲学的批判

费希特曾经是康德哲学的追随者和继承者，但他不满意康德的二元论，不同意康德在现象之外还保留一个不可知的物自体，因为物自体超出了经验的范围，而人的认识能力只涉及经验的领域。而且，他认为没有物自体，我们照样可以解决知识的问题。

在他看来，哲学就是认识论，也就是他所谓的知识学。知识论中有两大因素，一个是物，一个是理智。相应的就有两条认识路线，一条是从物出发，引出理智，这是唯物主义路线。费希特认为唯物论无法说明从物到理智的跳跃。另一条是唯心主义路线，即从理智出发过渡到物，这是他所赞许的。于是，费希特从康德的先验唯心论出发，把理论理性和实践理性合二为一，形成"绝对自我"的概念，并以此作为自己哲学的出发点。

【拓展】费希特知识学的目的是消除康德的二元论，建立一个统一的哲学体系。但是因为他把知识学仅仅限制在意识的范围内，取消了外部世界，而且他的绝对自我没有实在性，所以他并没有真正解决康德遗留的问题。

2. 费希特的知识学原理

从"绝对自我"出发，费希特通过反思获得了知识学的三条基本原理。

知识学的第一条原理是"自我设定自身"。费希特认为知识学只能通过反思和抽象在意识中寻求自身的原理，他选择从最简单、最直接的命题"A是A"开始反思。"A是A"要求作为主词的A与作为宾词的A之间具有同一性，A与自身的同一性是以自我的同一性即"我是我"为前提的。"A是A"只是形式上的确定性而无内容上的确定性。而"我是我"不仅确定了形式，也确定了内容，表明实际上有我。这就是知识学的第一条原理"自我设定自身"。"设定"是一种"本原行动"，具有能动性。"自我设定自身"就是在意识中确定了它自身的存在，它是同一律"A=A"的根据。

知识学的第二条原理是"自我设定非我"。这条原理是从"非A≠A"推导出来。设定非A的行动不同于设定A的行动，它是"反设定"。设定对应的是自我，对自我反设定的结果只能是"非我"，由此推出第二条原理"自我设定非我"。非我是对自我的限制和否定，是作为认识对象出现在意识中的客观世界。非我是由自我设定出来的，即客体是由主体构造的。

知识学的第三条原理是绝对自我设定有限非我与有限自我相对立。它是从前两条原理推出来的，设定了非我就不可能设定自我，但是没有自我也就没有非我，自我和非我是相互需要、相互限制的。第一原理中的自我是无条件的"绝对自我"，第二原理中的自我因为设定了非我，受到非我的限制，因而是有条件的自我。有限的自我与非我都从属于绝对的自我，二者的对立是在绝对自我中的对立，通过绝对自我的行动达到统一。

3. 费希特从理论知识学到实践知识学

从知识学的第三原理开始，费希特运用自我与非我的对立统一来阐发他的知识学。自我与非我的统一有两条途径：一条是非我规定、限制自我，这是理论知识学的路径。另一条是自我规定、限制非我，这是实践知识学的路径。费希特认为应该先设定非我的实在性，然后去限制它，即先建立外部世界，然后去规定它乃至超越它，也就是从理论知识学到实践知识学。在理论知识学中，自我受到非我的限制，但这种限制是自我主动设定的，自我因受到对象的限制才意识到自身，从而实现自我与非我的统一。在实践知识学中，自我作为自由和独立的力量而出场，表现为对非我的冲动和渴望，想超越非我的一切限制而达到无限。费希特认为，实践知识学的最后归宿就是理论知识学的起点，自我在认识和实践的本原行动的过程中构成一个首尾相接的圆圈，这就消解了康德的物自体。

【拓展】费希特是否克服了自我与非我的矛盾？

在知识学的范围内费希特是无法解决自我与非我的矛盾的，因为没有自我就没有非我，一旦有了非我，自我就受到非我的限制，不可能完全实现为自我。

4. 费希特后期知识学的变化

费希特后期意识到了知识学的缺陷，于是他转向了客观唯心主义，把上帝看作是知识学的最高根据，陷入了神学世界观。他认为人的自由意志是有限的，要以无限的、绝对的或神的意志为根据。自由不是人的最高目的，而只是达到宗教信仰的可能条件。人的自由与行动要以上帝作为目的和根据。

费希特还把他的神学世界观运用到人类历史领域，认为上帝是化育万物的本原，人类历史只是人运用自己的能力，认识绝对知识、展示神圣存在和规律的历程。在神学唯心论的基础上，他猜测到历史与逻辑相一致的社会发展规律。

5. 谢林对费希特哲学的批判

谢林早年是费希特的追随者，同费希特一样反对康德的二元论，主张哲学应该从最高的统一的原则出发。但是他不同意费希特把绝对自我当作哲学的最高原则，理由有二。其一，谢林主张认识对象是客观存在的自然界，真理是表象与认识对象之间的符合。而费希特认为非我是由自我设定的，否认了客观世界的存在，违反了主观符合客观的认识论原理。其二，自我与非我是互相限制的，既然自我以非我的限制为前提，那么它就不是绝对的。谢林认为哲学的最高原则应该是超越于自我与非我、主体与客体之上的"绝对"。"绝对"又称"绝对理性"或"宇宙精神"，它是主体与客体的绝对无差别性，它有一种内在的冲动要去认识自己、发展自己，由此分化出有差别的自然界和人类精神，最后又回归到绝对同一。不同于康德对理性结构的静态分析，谢林从历史过程中探讨哲学，这对黑格尔产生了重大的影响。

6. 谢林的自然哲学

宇宙的发展史就是绝对自身的发展史。绝对在内在的冲动下，从无意识的状态上升为自我意识，这就是谢林自然哲学的研究内容。

自然一开始是一种未苏醒的、不成熟的理智，是绝对精神的最初表现，但已经显示出内在的目的性。在最粗糙的机械作用中自然界已隐含目的性，经过电学、磁学、化学作用到有机作用，自然界越来越明确地表现出机械性和目的性的统一；又经过从矿物、植物、动物到人的发展，自然界在人身上达到了自我意识。由于精神的东西只能认识精神的东西，这就反过来证明了自然是"冥顽化的理智"。

谢林非常重视自然哲学，这成为德国古典哲学从主观性向客观性过渡的中间环节。在谢林所处的时代，机械论占据统治地位，他把自然看作是一个内在的有机整体，让科学界耳目一新，也为浪漫派崇尚自然的情感提供了哲学基础。他的自然哲学中包含着丰富的辩证法，为黑格尔所继承和发展。

【拓展】怎样理解谢林的自然哲学是泛神论、目的论和唯心论的混杂？

谢林把自然界看作是绝对派生的产物，充满着宇宙精神，这体现了泛神论思想；他主张自然从一开始就有内在的目的性，这体现了目的论；他认为自然是未苏醒的理智，这又体现了唯心论。

7. 谢林的先验哲学

谢林的自然哲学描述的是从自然到精神的历程，即从客观到主观的过程，先验哲学则是从主观到客观的过程，即精神回归到绝对的过程。自然哲学的顶点即自我意识恰恰是先验哲学的起点。先验哲学描述了自我意识的历史，包括理论活动、实践活动和艺术活动三个发展阶段。

理论哲学研究的是认识论，说明表象如何能与在它之外的对象符合一致。谢林认为自我意识原本是同一的，由于原始的差别而分化出主体和客体，主客体的矛盾运动推动认识的发展。自我意识从感觉开始，上升到创造性的直观和反思，最后达到绝对意志，由此进入到实践哲学。

实践哲学要求按照主体的意志来改造客观世界，由此展开了人类社会历史的进程。历史就是人的自由从萌生到发展最后与必然达到同一的过程，也就是绝对不断显现的过程。历史分为三个时期，第一个时期是罗马共和国之前的古代社会，这一时期人们受无意识的理智的支配，没有自由，完全受命运的摆布。第二时期是从罗马共和国扩张直到现代社会，这一时期盲目的力量变为明显的自然规律，人的自由得到了发挥，但是它服从于自然规律。第三时期是未来社会，命运和自然规律在未来社会将作为"天启"而得到发展和显示。谢林的历史哲学说明了自由与必然之间的关系：人在历史活动中表面看起来是自由的，人凭借主体意志去塑造客观世界，实际上背后有一只"看不见的手"即绝对精神在引导着人们，人的历史活动只是绝对的展开过程而已。

艺术哲学要解决我们如何从主观性走向客观性，实现主客观的同一，即到达绝对本身。在艺术创造和欣赏活动中，人们会忘情于艺术作品中，达到物我两忘、主客不分、天人合一的状态，此时有意识与无意识、主体与客体、自由与必然完全合一，即回归到绝对之中。艺术为哲学家打开了"至圣所"。自我在艺术直观的帮助下，回到了绝对的怀抱，主客观融为一体。但谢林也意识到艺术与哲学的紧密结合还不是现实的，不可能让每个人都沉溺于艺术活动中，所以晚年他转向了天启神学。

8. 谢林的启示哲学

谢林晚年思想发生了重大的变化，由理性主义转变为宗教神秘主义。他认为理性主义哲学从思维出发，只能推出世界存在的概念来，而不是世界存在本身，他把这种哲学称为"否定性的哲学"。与之相反，他要建立"肯定性的哲学"。肯定性的哲学不是从思维出发，而是从存在出发，这个存在在他看来只能是神，这样肯定性的哲学就变成了宗教哲学。他的宗教哲学包括神话学和启示哲学。在启示哲学中，他力图超越已知的所有宗教形式，把上帝看作是具有人性的，这就从反面肯定了人是宗教的本质。

谢林晚年思想的变化既有时代背景的原因，也有他思想内在发展的逻辑必然性。他哲学思想的出发点是绝对无差别的同一，而对于无差别的绝对，只可意会不可言传，所以他最后也只能诉诸宗教信仰了。

9. 谢林是否克服了康德的二元论

谢林试图用绝对来克服康德的二元论，绝对超越主体与客体、思维与存在、自然与精神的对立，是绝对的无差别的同一性。但是这种无差别的同一如何分化出有差别的事物及有差别的事物如何回归到无差别的同一问题，谢林无法给出令人满意的答案。可以说，谢林的绝对克服了康德的主客二元论，却又陷入了同一与差别的二元论。

【强化训练】

一、判断题

1. 费希特的知识学原理构成正、反、合的命题系统。（　　）

2. 谢林认为哲学的最高原则是超越于自我与非我、主体与客体之上的"绝对"。（　　）

3. 谢林哲学的出发点是先验哲学。（　　）

4. 谢林的"肯定性哲学"是指他的宗教哲学。（　　）

5. 费希特克服了自我与非我的矛盾。（　　）

参考答案：

1. √　2. √　3. ×　4. √　5. ×

二、多选题

1. 关于费希特哲学，下列说法正确的有（　　）

A. 弘扬主体能动性

B. 主张理论和实践相结合

C. 调和唯心论与唯物论

D. 反映了上升时期资产阶级的精神面貌

2. 费希特的著作有（　　）

A.《自然哲学的观念》　　　　　　B.《全部知识学的基础》

C.《知识学新说》　　　　　　　　D.《论人的使命》

3. 谢林的先验唯心论从考察理智活动开始，描述了自我意识的历史，包括（　　）发展阶段。

A. 理论活动　　　　　　　　　　B. 实践活动

C. 艺术活动　　　　　　　　　　D. 宗教活动

4. 谢林认为在艺术创作中，人会忘情于对象之中，（　　）在这里完全合一。

A. 有意识和无意识　　　　　　　B. 直观者和被直观者

C. 有限与无限　　　　　　　　D. 自由与必然

5. 关于谢林，下列说法正确的有（　　　　）

A. 建立了"同一哲学"

B. 提出知识学的基本原理

C. 认为神秘的艺术直观高于理智直观

D. 认为艺术为哲学家打开了"至圣所"

参考答案：

1. ABD　2. BCD　3. ABC　4. ABCD　5. ACD

三、简答题

1. 简述谢林的自然哲学。

2. 简述谢林的先验哲学。

四、论述题

论述费希特知识学的三条原理。

五、材料分析题

"人虽然在行动本身是自由的，但在其行动的最终结局方面取决于一种必然性，这种必然性凌驾于人之上，甚至操纵着人的自由表演。"

上述材料体现了哪位哲学家的思想？试运用所学知识加以分析。

【拓展阅读】

案例1：康德与费希特

哲学家费希特从小家境比较贫寒。成年后为了维持生计，他担任过家庭教师。他的学生希望费希特能够教导自己时下最火热的康德批判哲学，费希特因此找康德的书来读。费希特看完康德的著作后，发现康德的哲学极大地启发了自己，因此感到兴奋不已。1791年，费希特只身来到哥尼斯堡，希望拜访康德。康德在当时已经是名满天下的哲学家了，每天来拜访他的人络绎不绝。籍籍无名的费希特并没有受到康德的接见。

费希特感到焦急万分，因为自己的旅费有限，不可能再这样空等下去。他于是住进了一所破旧的小旅馆，花了35天的时间，写下了《试评一切天启》。费希特把这篇论文作为拜见康德并向他请教的"介绍信"。附在送给康德的这篇论文前面还有他的一封短信："我到哥尼斯堡来，为的是更切近地认识一位为整个欧洲所尊敬的人，然而全欧洲只有少数人像我这样敬爱他。我已经向您作了自我介绍。后来我明白了，希望认识这样一位人物而不出示任何证书，这是孟浪无礼的。我应该有一封介绍信。但是我只承认我自己写的介绍信。我此刻就把它附上。"康德阅读这篇论文后，发觉论文表达的思想与自己的批判哲学的旨趣一致，而且文笔相当不错，于是热情地接见了费希特。

费希特向康德表示自己的旅费已经用光，希望康德能够借钱给他。康德虽然没有借给他，但拜托好友帮助费希特出版《试评一切天启》。这篇论文刚出版后，人们普遍以为是康德的作品。康德很快在报刊上撰文澄清自己并不是作者，作者是费希特。由此，费希特变得声名鹊起。1794年，费希特成为耶拿大学教授，主持康德哲学讲座，并完善自己的哲学体系。

1798年，费希特在担任《哲学杂志》主编的时候，刊发了一篇题为《宗教概念的发展》的论文。该文被指责为宣扬"无神论"，当局把责任连带算在了费希特的头上。以"行动哲学家"著称的费希特，处理此事的方式当然是抗争，与当局闹掰了。这就是德国古典哲学史上十分著名的"无神论争论"事件。费希特辞去了耶拿大学的教席，远走柏林。

紧接着"无神论争论"事件，费希特的人生又遭遇了一场重创。1799年，沉寂了几年的康德教授，突然发表了《关于与费希特知识学关系的声明》，公开批评费希特的理论。这可以视作康德与他的追随者、学生费希特在学术思想上的彻底决裂——

"我认为费希特的知识学是一个完全站不住脚的体系。因为纯粹的知识学不多不少就是纯粹的逻辑，它并不能够把自己的原则提升为认识的材料；作为纯粹的逻辑，它和认识的内容是脱离的……而且我必须指出，那种骄妄的做法，即认为我只是想提供先验哲学的一个基础准备而不是这门哲学本身的体系，是我所不能接受的。我从来都没有这样想过，因为我本人把《纯粹理性批判》里的纯粹哲学的完满体系看作这个哲学的真理的最好标志。"

康德的公开声明，在当时的德国思想界产生了巨大的震动。对费希特而言，更不啻晴天霹雳。

【思考】康德与费希特决裂的原因是什么？

【参考答案】康德宣布与费希特决裂，根本原因是二者在思想上的分歧。康德哲学坚持二元论，而且预设了不少前提，如物自体、不可知的先验自我等。在费希特看来，这些前提里有太多的不可理解、无法澄清的元素，因而他把康德的理论理性和实践理性合二为一，形成"绝对自我"的概念，这实际上已经走出了康德哲学体系。

案例2："图宾根三人组"

一个是写下"充满劳绩，然而人诗意地栖居在这片大地上"，被誉为德国最伟大诗人之一的传奇文学家。一个是堪称19世纪德国唯心主义哲学运动的顶峰，对马克思历史唯物主义产生了巨大影响的大哲学家。一个是提出"自然哲学"与"同一哲学"，为德国浪漫派奠定了哲学基础并成为其领军人物。他们就是德国诗人荷尔德林，哲学家黑格尔和谢林。

1788年，18岁的荷尔德林与黑格尔进入了图宾根新教神学院学习，成为同窗室友，而两年后，15岁的谢林也获得了图宾根神学院的特殊录取，与这两人住进了同一个宿舍。就此，他们被人们称为"图宾根三人组"。

在大学里，三人的形象与个性可谓是截然不同：荷尔德林是个腼腆敏感，沉迷诗歌，崇拜席勒，满怀热情的文艺青年；黑格尔是勤奋学习，因为不修边幅的衣着和跳舞与击剑时的笨拙举止被戏称为"老年人"的学霸；而谢林则是从小被誉为"施瓦本神童"，入学前就掌握了多门语言的教授之子。

但同时这三人的友谊出人意料地顺利建立了起来。

他们一起对各种哲学命题进行讨论，一定程度上甚至影响了各自未来思想的发展方向。比如在荷尔德林创作他的小说《许佩利翁》之时，就与黑格尔交流了两人对古希腊的共同向往和对人性的追求，一起阅读和讨论柏拉图和古希腊的悲剧诗人。

而在法国大革命如火如荼地进行之时，三人还共同参加了图宾根的政治俱乐部，和一群年轻人一起关注法国革命的实时近况，在一片草地上种下了象征自由与革命的"自由树"。和大部分年轻人一样，他们对带来新思想与解放的革命运动充满了憧憬，迫切希望法国革命的成功也能为陈旧的德国带来鲜活的革新活力。虽然后期革命派的做法令人失望，但这段经历无疑对三人的思想发展都产生了极大的冲击与影响。

虽然在毕业后三人走向了不同的道路，但三人的友谊依旧有所延续：荷尔德林为黑格尔介绍过家教的工作，黑格尔也前去探望过工作中的荷尔德林，在荷尔德林1799年给谢林的信中，还有着"你对我是如此重要并且越来越重要"的字句。

虽然两位哲学家之间也曾多次因为意见不同而争论相轻，不过也就像海德格尔对二人关系的评价一样，"由此可见，一个伟大的思想家在根上怎么也不能理解另一个同样伟大的思想家，因为他们每个人都有自己独特的伟大之处"。

第三节　黑格尔哲学

【学习目标】

了解黑格尔对德国古典哲学的批判与继承；理解黑格尔哲学的基本原理；掌握黑格尔的精神现象学、逻辑学及应用逻辑学；能够运用马克思主义哲学的基本观点评析黑格尔的哲学思想。

【学习要点】

1. 黑格尔哲学的任务

康德作为德国古典哲学的开创者，其思想是典型的二元论，将事物分为现象和物自体，将理性分为理论理性和实践理性，这就使得他始终无法建立一个统一的哲学体系。康德之后的费希特试图将哲学限制在知识学的范围内以此来解决康德的二元论，但是因为他的知识学取消了外部世界，主客观只是在意识范围内的统一，并没有解决二元论问题。谢林的同一哲学用"绝对"超越了主体与客体、思维与存在的差别，但是无法说明无差别的同一如何产生出有差别的事物，最终又陷入了同一与差别的二元论。黑格尔哲学的任务就是克服康德的二元论，重建具有统一体系的形而上学。

2. 黑格尔对康德、费希特、谢林的批判与继承

黑格尔对康德的批判与继承：他抛弃了康德的物自体，继承并发挥了康德的自我意识具有能动性；批判康德在消极意义上使用辩证法，指出理性恰恰是借助矛盾来发挥它的能动性，恢复了辩证法的积极意义；批判康德把实践理性的自由意志仅仅理解为"应当"，脱离了现实生活，主张把自由意志投入到现实生活中，把合理性与现实性统一起来。

黑格尔对费希特的批判与继承：他认为费希特的主要功绩是从主体的能动性中推演出范畴，揭示了概念本身具有能动性，这种思想被他在逻辑学中大大发扬了；他批判费希特的自我是康德物自体的残余，费希特没有真正把自我与非我统一起来。

黑格尔对谢林的批判与继承：他肯定谢林从超越主体与客体、思维与存在对立的绝对同一出发；但他不同意谢林的绝对同一是无差别的，他认为无差别的同一无法说明它怎样分化出矛盾的对立面，也无法解释有差别的事物如何回归到无差别的同一。

黑格尔通过批判地吸收康德、费希特、谢林的唯心主义和辩证法思想，建立了一个庞大的、无所不包的哲学体系。

3. 黑格尔哲学的基本原理——实体即主体

黑格尔在《精神现象学》的"序言"和"导言"中，阐释了其哲学的基本原理，他后来的思想坚持和发展了这些基本原理。

实体是近代哲学的一个重要概念。笛卡尔主张在绝对实体即上帝之下有两个相对实体：思维和广延。斯宾诺莎为了克服笛卡尔的心物二元论，提出了实体一元论，但是他的实体缺乏自我意识的能动性。康德和费希特发扬了主体的能动性原则，但他们把主体的能动性限制在意识范围内，与外部世界无关。谢林的绝对同一克服了主体与客体、思维与存在的二元对立，但又无法解释绝对同一如何分化出有差别的世界。

黑格尔提出"实体即主体"，肯定实体自身就具有能动性。这种能动性表现为实体自身内部蕴含着否定性和矛盾，它自己否定自己，自己展开自己的运动，从潜在变为现实，这一过程是通过人类精神对绝对的认识活动来实现的。黑格尔的"实体即主体"把斯宾诺莎的唯一的、无限的、自因的实体与费

希特的能动的自我意识统一起来，主张宇宙万物是"同一个"东西的自我展开、自我发展、自我实现的过程，以此来解决近代哲学的难题。

4. 黑格尔哲学的基本原理——否定辩证法

黑格尔的辩证法吸收了古希腊的辩证法，他曾经将赫拉克利特、芝诺、苏格拉底看作是辩证法的创始人。赫拉克利特的朴素辩证法主张自然界处于运动变化之中，事物是对立面的统一。芝诺运用反证法来论证哲学问题，体现了事物的矛盾对立，是一种概念的辩证法。这些思想都被黑格尔所吸收。苏格拉底通过两个人的对话来追问事物的本质，黑格尔将之发展成为思想自己与自己的"对话"，是精神自身的运动。对黑格尔辩证法产生直接影响的是康德与费希特。黑格尔把康德的消极的辩证法转变为积极的辩证法，提出矛盾是"推动整个世界的原则"。黑格尔还吸收了费希特辩证逻辑的三段式：正题、反题、合题的形式。

黑格尔的高明之处在于他意识到了方法就是事物自身运动的节奏，是形式与内容的统一。辩证法的核心是否定原则：反题是对正题的否定，合题是对反题的否定，当合题表现为正题时，又被更高一级的反题否定，如此螺旋式地上升。否定不是虚无，不是事物自身的瓦解，而是获得具体规定性的"扬弃"。扬弃是辩证的否定，既抛弃前一阶段的消极因素，同时保留其积极因素，从而推动事物向更高阶段发展。

【拓展】列宁把扬弃概括为"联系的环节"和"发展的环节"。通过扬弃，把前一阶段中有价值的东西保留下来，并把它纳入新的发展阶段中，这就使两个阶段"联系"起来，同时事物也实现了发展。

5. 黑格尔哲学的基本原理——真理是全体

通过黑格尔的否定辩证法可以看出，在事物的发展过程中，在后的阶段是在先阶段的真理。真理是一个发展的过程，真理是历史发展的全过程。黑格尔反对真理是客观存在的现成的东西。真理作为一个历史过程，它不断吸收前人思想中的优秀成果，克服他们的局限性，是认识活动中的合理因素不断聚集，最终被统一为真理的全部。黑格尔认为，他的哲学体系就是真理的全体。《精神现象学》就展现了意识如何从最初的感性确定性历经千辛万苦上升到绝对知识的过程，在这个过程中，意识获得越来越丰富具体的规定性和越来越高的同一性，直至被统一为真理的全部。

6. 黑格尔哲学的基本原理——认识论、辩证法和历史的一致性

黑格尔突破了近代认识论只研究意识的这样一种局限性，把劳动、实践、历史、伦理、道德、宗教等引入知识的发展过程，使得他的认识论充满了浓厚的历史感。黑格尔的《精神现象学》就是从自我意识阶段开始，用世界历史的视野阐述了意识从低级向高级的发展。而且，人类精神的发展过程遵循了辩证法的原则，或者说，辩证法推动着人类精神的发展。因此在黑格尔那里，认识论、辩证法和历史具有一致性。

7. 黑格尔的精神现象学——意识

《精神现象学》被马克思看作是"黑格尔哲学的真正诞生地和秘密开始"，理解黑格尔哲学，应该从《精神现象学》开始。黑格尔在《精神现象学》中描述了人类精神经过漫长的发展最终达到绝对知识，其实质是"绝对"通过人类精神而成为现实的过程。这个过程从低到高经历了意识、自我意识、理性、精神，最后到达绝对知识。

（1）感性确定性

个人意识的最初形式是感性认识。感性认识以个别事物为对象，表述为"这个""这时""在这里"，黑格尔称之为感性确定性。表达感性确定性的语言包含意味的矛盾：感性确定性想确证对象和知识具有个别性、具体性，但是语言表述的都是普遍性，而不是直接感性的意谓。于是意识抛弃感性，在知觉中寻求确定性。

（2）知觉

知觉不是追求事物的个别性，而是用一般的概念把握事物的共相。共相是对事物多种性质的综合，事物的性质来源于感性确定性阶段的印象。意识要求扬弃这种共相的感性残余，在无条件的、超越感官的共相中认识对象的真理，即认识事物的本质，这就由知觉上升到了知性阶段。

（3）知性

在知性阶段，意识从把握事物的真实的知觉上升到了把握对象的本质。知性是对知觉事物的感性条件的彻底扬弃，它的对象乃是抽象的共相，知性的共相被认为是无条件地适用一切知觉的对象。

8. 黑格尔的精神现象学——自我意识

（1）主奴关系

自我意识阶段是人类精神发展过程中一个非常重要的阶段。一个自我意识靠它自身是无法确证的，只有在和另外一个自我意识的关系中才能得到承认。最初的自我意识对待另一个自我意识仍然是以对待物的方式，如通过战争征服对象并把他杀掉，以此来确证自我意识。但是对象被杀掉后自我意识也就无法确证了。于是战胜方不再杀掉战败方，而是把他们变为奴隶，以此来确认主人的身份，主奴意识由此形成。主人通过奴役奴隶劳动获得主人意识，奴隶被迫服从主人的意志形成奴隶意识。但是在劳动过程中，这两种自我意识的地位发生了转化：主人靠奴隶的劳动来生存，变成了依赖奴隶的人，丧失了自主意识；奴隶在改造自然的劳动过程中变成了自然的主人，意识到自身的自主性，主奴关系发生倒转。尽管奴隶在劳动过程中意识到了自身的独立性，但在现实生活中奴隶被奴役被压迫的地位并没有改变，失去了奴隶意识的奴隶只能在思想中寻找自由，这就类似于古希腊的斯多亚主义。

（2）斯多亚主义和怀疑主义

斯多亚学派只相信思想中的自由，至于现实中是否自由并不重要。他们主张无论是在王位上，还是在枷锁中，人都是自由的。这种自由观对现实生活不关注，再往下发展就会走向怀疑主义，怀疑现实世界，甚至连自己的存在也怀疑，最极端的怀疑就是自杀。思想中的自由却可能导致现实中的自杀，理想和现实的矛盾不可克服。为了摆脱这种苦恼、实现真正的自由，人们设立了彼岸世界，却又陷入新的矛盾，自我意识进入到苦恼意识阶段。

（3）苦恼意识

宗教意识就是苦恼意识。在苦恼意识中，存在着此岸变化的个体与彼岸不变本质之间的矛盾。矛盾的第一阶段是人们为了彼岸世界放弃现实世界，却永远不能到达彼岸世界；第二阶段是耶稣殉道后，上帝的个别形态在现实中消失，人们只能在信仰中内在地体验上帝；第三阶段是人们通过现实世界的劳动获得来自彼岸世界的恩赐，过渡到"现实与自我意识的统一"，自我意识达到了理性。

9.黑格尔的精神现象学——理性

理性是意识和自我意识的统一。在理性阶段，自我开始正视它的对立面，并改变了原来的否定态度代之以肯定，因为自我发现否定世界的实在也即否定了自身。理性分为观察理性、行动理性以及立法理性和审核理性三个阶段。

（1）观察理性

在观察理性中，黑格尔考察了理性对自然的观察、对自我意识自身的观察，以及对自我意识和身体关系的观察。第一类观察包括物理学、化学、生物学等自然科学知识。黑格尔认为自然科学没有达到必然性真理的高度，但在解释自然现象方面有自己的优点。第二类观察有逻辑学、心理学。黑格尔认为逻辑规律与心理规律是同语反复、空洞的必然性。第三类观察包括骨相学、面相学。黑格尔认为"一个个的外在的面相与他的内在的意识本质之间没有必然的、规律性的联系"。当理性完成自我意识的观察之后，它就需要通过行动把自我意识实现出来，由此过渡到行动理性。

（2）行动理性

在行动理性中，意识将通过自己的活动而将自身"转化"为客体。行动理性有三个发展阶段："享乐与必然性""心的规律与自大狂""德行与世界进程"。在"享乐与必然性"阶段，个体追求快乐与官能满足，轻视科学、规律与权威等。但这种思维状态不会持久，个体的这种享受的愿望很快就受挫于必然的客观性，由此个体的思维便发展到"心的规律与自大狂"阶段。在这一阶段，意识要求主动掌握必然性，要求根据自己心的规律（即把自身看作是必然性和规律）去行动和改变世界。但事实上这么做是行不通的，必然会遭遇到挫折。黑格尔嘲笑"心的规律"支配下的个体不过是一个"自大狂"。当这种根据"心的规律"而行事的主观意愿受到挫折时，意识发展到"德行与世界进程"阶段。所谓"德行"，指的是牺牲个体性，完全放弃个人目的与利益的一种意识形态。泛道德主义鼓吹用德行克服个人利益驱使的世界进程，实际上毫无效果。在个人主义的驱使下，每个个体都按照自己的兴趣工作，个人对工作产品的鉴赏和评价是主观任意的，这会导致"相互欺骗"。为了克服"相互欺骗"的冲突，就需要立法理性。

（3）立法理性和审核理性

立法理性是按照某些社会集团和行业的常识来制定法律，以达到个体性与普遍性矛盾的合解。立法理性本身需要"审核法律的理性"，但是审核理性仅仅是对法律进行形式上的审核，这种审核有一个未经审核的前提。黑格尔举例说私有制不是立法建立起来的，而是立法的根据，审核只涉及私有制基础上的法律是否合乎逻辑，而不能审核私有制本身。审核法律的局限性暴露了它和伦理实体之间的矛盾，这种矛盾只有到精神阶段才能解决，意识从理性过渡到精神。

10. 黑格尔的精神现象学——精神

从意识到自我意识再到理性的发展构成了个体意识发展的全过程，它们都属于主观精神。主观精神外化为社会组织和历史进程，就成了客观精神。客观精神分为伦理、教化和道德三个阶段。

（1）伦理

伦理阶段对应古希腊罗马社会，它是"真实的精神"。在希腊城邦里，人与人之间依靠伦理来维持关系，他们之间是相互和谐的。但是希腊城邦社会存在着城邦与家庭两种法则的对立，这种对立和冲突导致了悲剧的命运。这种的矛盾是不可调和的，必须以法来维系社会的存在，这就过渡到罗马法权状态。罗马皇帝和公民是对立的状态，社会开始异化，从而过渡到第二阶段即教化阶段。

（2）教化

从中世纪到法国大革命时代是教化阶段，教化阶段是精神的自我异化。教化王国指基督教世俗化过程，从早期的宗教和道德团体异化为支配权力和财富的统治者。对异化有两种态度，一种是服从、肯定的态度，这是"高贵的意识"，一种是反抗、否定的态度，这是"卑贱的意识"。后者要打破固有秩序，把一切都颠倒过来，于是发展到"分裂的意识"。法国大革命就是这种分裂意识的典型，黑格尔把法国大革命的精神归结为绝对自由和恐怖。要克服异化必须过渡到第三个阶段：道德阶段。

（3）道德

道德阶段指黑格尔之前的德国古典哲学和德国浪漫主义精神。黑格尔把康德的哲学称为"道德世界观"，他认为康德的纯粹义务没有现实性，只是一种理想，永远也实现不了。费希特的良心要求自我和行动相统一，克服了康德道德世界观的颠倒，但是如果各人都按照自己的良心行事，就会发生轻浮狂傲。谢林、歌德等人的浪漫主义的"优美灵魂"有两种结果：要么是回避现实，要么是从良心变成"硬心肠"，用行为的自私动机否定任何道德行为。黑格尔认为德国哲学的发展方向最后指向"宽恕与和解"，即在宗教精神中才能真正解决主客观相统一的问题。

11. 黑格尔的精神现象学——宗教和绝对知识

黑格尔把宗教分为自然宗教、艺术宗教和天启宗教三个阶段。自然宗教以自然物为崇拜对象，艺术宗教以艺术作品创造的形象为崇拜对象，天启宗教（即基督教）在德国古典哲学中被概念化，最后在黑格尔哲学中变成绝对知识。绝对知识既是人的认识活动的顶点，也是绝对精神的自我实现。人类寻求绝对知识的征程，也是绝对精神回归自身的过程。

经过意识、自我意识、理性的主观精神和外化为历史的客观精神的发展之后，精神最后达到了主客观相统一的绝对知识，表明绝对自身通过人类精神而成为现实。

12. 黑格尔的逻辑学——存在论

黑格尔的逻辑学以本质为对象，研究的是《精神现象学》中排除了感性具体性的纯粹概念。他的逻辑体系就是一个大圆圈，分为"存在论""本质论"和"概念论"三个阶段。每一个阶段又由小圆圈构成，小圆圈里还有更小的圆圈，形成一个首尾贯通的螺旋式上升的体系。

（1）有、无、变

黑格尔认为逻辑学的开端应当是没有任何前提、没有任何规定性的最抽象范畴，满足这个条件的只有"存在"，他称之为"纯存在"。"纯存在"是没有任何规定性的存在，是无。"无"是以"有"为前提的，是从"有"发展出来的，"有"否定自己变成了"无"。从有到无，就是"变"（变易）。变是有和无的动态的统一，变易就成了第一个具体的概念，有了自己具体的内容，它把有和无变成了自己的两个环节，也就是有了"质"。

（2）质、量、度

质是"定在"的范畴，质是借助于他物来规定自己，他物又要借助另外的他物，以此类推，陷入"坏"的无限。要克服这种坏的无限，就要回到自身，也就是把某物（定在）理解为可被规定者，他称之为"自为的一"。其他的"自为的一"相对它来说就成了"多"，这就从质的规定到了"量"的规定。量的变化看起来和质没有关系，但是当量的变化超过一定的"尺度"（度）时，事物就会发生质变。黑格尔认为量变是"渐进工程"，质变是"渐进过程的中断"，度是"度量交错线"。

"存在论"研究的是直接性的认识阶段，这部分范畴推演的特点是"过渡"，从一个范畴直接过渡到另一个范畴，最后"尺度"扬弃了事物的直接存在而深入到事物的内部，由此过渡到了研究间接性思想的本质论。

【拓展】老庄哲学也讲"有无"，与黑格尔的"有无"相比有什么不同？

《道德经》里说"天下万物生于有，有生于无"，也就是说，"有"是建立在"无"的基础上，"无"不需要任何"有"的前提。黑格尔的"无"是建立在"有"的基础上，没有"有"，就没有"无"。

13. 黑格尔的逻辑学——本质论

本质论是反思的阶段，是对存在的反思，是间接性的。

（1）本质自身

本质是"过去了的存在"，即本质原本就蕴含在存在之中，但是要存在过去了也就是扬弃了存在它才能显现。本质是不能直接把握的，需要从存在本身去反思，就像照镜子一样从对方身上反映出来。所以本质论的范畴都是成双成对出现的，相反又相成。如原因与结果、必然与偶然等，都是相互依存的、相对立而存在的。

本质具有同一性，一个事物只有一个本质。这个同一性不是谢林所谓的无差别的同一，而是包含着差异的同一。同一中有差异，差异中有同一。差异是杂多的，有的是本质性的差异，有的是非本质性的差异。本质性的差异就是对立。对立是意识到事物本身具有同一性的差异。对立又分为两种：外在的对立和内在的对立。外在的对立是事物之间的对立，内在的对立是本质的对立，是自己与自己的对立，这就是矛盾。矛盾的对立面具有同一性，是自己否定自己、自己排斥自己，自己把自己当成对立面加以否定从而实现自我运动、自我发展。万物运动的根据就在于它的矛盾性。

（2）现象

根据作为本质要把自己表现出来，本质的外在表现就是现象，由此本质论进入第二个阶段："现象"。黑格尔认为本质不能像康德的物自体那样隐藏在现象的背后，它必须表现出来。现象表现本质，本质要通过现象表现出来。万物都是现象，也都是本质，本质与现象的统一就是"现实"，这就进入了本质论的第三个阶段。

（3）现实

"现实"是内在的本质与外在的现象的统一，它包括三个环节："可能性""偶然性"和"必然性"。可能性不是逻辑的抽象可能性，而是现实的可能性，这就要考虑可能性在现实中的种种偶然的条件。偶然性条件越多，现实的可能性就越大，可能性是在大量的偶然性中来实现自己，使可能成为现实，成为必然。在这种意义上，偶然的东西是必然的。"必然性"包括三个环节：实体性、因果性和交互性（相互作用）。黑格尔吸收了斯宾诺莎的实体即自因的思想，自因就是自己是自己的原因，这就引出了因果性。交互关系是万物互为原因，万物都是实体。交互作用是绝对的自因，也就是绝对的实体和绝对的主体，即自由。

黑格尔从必然性出发，推出了必然性的真理就是自由，这就过渡到了逻辑学的第三个阶段："概念论"。

【拓展】黑格尔的差异、对立、矛盾有什么区别？

在黑格尔那里，差异、对立、矛盾是三个不同的层次。差异是毫无联系的偶然差别，它没有意识到自己的同一。差异有本质性差异和非本质性差异，本质性差异就是对立。对立是意识到事物本身具有同一性的差异。对立有外在的对立即事物与事物之间的对立和内在的对立即自己和自己的对立，自己和自己的对立就是矛盾。矛盾是自己把自己设立为对立面，自己否定自己，自己运动。

14. 黑格尔的逻辑学——概念论

概念是存在和本质的统一，是真正的存在，万事万物的本质是概念。存在在概念中发现了自己的真正本质：自由。概念是自由的原则，具有能动性，是对历史形成的东西的能动地"抓取"。概念论中的范畴推演与存在论、本质论中的不同：存在论中，两个范畴之间是直接的过渡；本质论中，两个范畴是相互映现；概念论中，概念是三个一组辩证上升的发展，是把存在和本质中潜在的内容实现出来。

概念论也有三个阶段："主观性""客观性""理念"。

（1）主观性

在主观性阶段，黑格尔对形式逻辑的概念、判断、推理都做了改造。与形式逻辑的抽象概念不同，黑格尔认为概念是具体的，包含着丰富的、具体的内容，包含着它之前的概念。概念包括普遍、特殊和个别三个环节。个别的概念是最丰富的，它具有能动性，能够把自己分化出来作为对象，这就是判断。在黑格尔看来，判断不是把两个概念联结起来，而是概念自我运动、自我分化的结果。因为判断是同一个概念自我分化的结果，所以它内在的要求恢复到自身的同一性，这就需要推理。推理表现出概念的同一性。推理的最高阶段是必然的推理，这就上升到了"客观性"。

（2）客观性

客观性的范畴表现为三个阶段："机械性""化学性"和"目的性"。从机械性、到化学性、目的性的发展过程越来越显示出概念的自由本性。客观性的最高阶段目的性里有主观性，即通过目的的实现达到主观与客观的统一，由此进入第三个阶段："理念"。

（3）理念

"理念"是主观性和客观性的统一，是真理。"理念"有三个环节："生命""认识的理念"和"绝对理念"。生命从目的性而来，是主观与客观、灵与肉的统一。个体的生命是有限的，它要求超越个体的有限性达到普遍的"类"。通过类生命的理念上升到了"认识的理念"。"认识"包括"理论理念"和"实践理念"，认识对二者加以综合，扬弃了它们的片面性，这就达到了"绝对理念"。绝对理念扬弃了一切差别和对立，将所有的范畴包含于自身。绝对理念的意义不在于最终结果，而在于整个展开的过程。这个过程是通过自身不断的一分为二，把各种对立面的联系和转化逐步展示出来。因此在黑格尔那里，辩证法和本体论是统一的，正是辩证法的推动，范畴运动达到了它的顶点：绝对理念。

15. 黑格尔的应用逻辑学——自然哲学

黑格尔的逻辑学从没有任何规定性的纯存在开始，经过范畴的自我否定、自我运动，最终达到它的顶点即绝对理念。绝对理念扬弃了一切矛盾，汇集了全部的真理，它不能再作为纯范畴而发展了，于是绝对精神异化为自然界。之后它还要返回到自身，即自然哲学还要过渡到精神哲学。黑格尔说："自然哲学和精神哲学，似乎就是应用的逻辑学。"

黑格尔说："自然界是自我异化的精神。"绝对精神具有能动性，它内在地要求把自己实现出来，即异化为自然界。不经过自然界的发展过程，绝对精神就没有外在的丰富多彩的形态。这也说明自然界的发展不是偶然的、毫无目的、杂乱无章的，它自始至终贯穿着精神的运动。

自然哲学包括三个部分：机械论、物理论和有机论。黑格尔同谢林一样，不是用机械论的眼光看待自然，而是把自然看作是一个有机的整体，它有自己的目的。从机械论到物理论再到有机体，就是自然的目的由潜在变成现实的过程。在机械论阶段，人们用力学的眼光看待自然，从数量的外在关系看待事物的联系，考察空间和时间、物质和运动。在物理学阶段，人们开始注重事物的个体性，考察在对立和差别中相互反映的个体性。在有机体阶段，人们把世界看作是一个有机的整体，考察的是生命。生命有机体的终点是人和人的精神，自然界意识到了自己的本质就是精神，它要返回到自己的本质，这就过渡到了精神哲学。

【拓展】黑格尔的自然哲学中存在着很多与当时和以后的科学理论相悖的观点。如他认为"声音是观念的东西在它物的暴力下发出的控诉，但同样也是对这种暴力的胜利""元素的抽象普遍观念性永远是在颜色中实现的个体化"等。也因此自然哲学是黑格尔体系中遭受批评最多的一部分，有的人甚至认为他的自然哲学毫无价值。如何看待黑格尔的自然哲学？

的确，黑格尔的自然哲学中存在着不少与科学相悖的观点，这既与当时德国的自然科学水平不高有关，也与黑格尔本人的自然科学素养不高有关，还与人们用科学的而不是哲学的眼光评价它有关。站在哲学的角度上，黑格尔的自然哲学有其独特的理论贡献：它抛弃了机械论自然观，用有机体和目的论的眼光看待自然，把自然看作是一个由潜在到现实的运动过程，为人们提供了一种看待自然的崭新的方式。当然，他的贡献抹杀不了其自然哲学的根本错误：他站在唯心主义的立场上，主张自然是绝对精神的异化，否认自然界的客观性。

16. 黑格尔的应用逻辑学——精神哲学

精神哲学研究的是人类精神认识绝对的过程，也是绝对精神通过人类精神自我实现的过程。在《哲学全书》里，黑格尔把精神哲学分为"主观精神""客观精神"和"绝对精神"三个阶段。

（1）主观精神

主观精神是个体精神，包括"灵魂""意识""自我规定的精神"三个发展阶段，分别是"人类学""精神现象学"和"心理学"的研究对象。其中最重要的是精神现象学，其内容源于他的著作《精神现象学》中意识和自我意识部分，主要描述了自我意识的形成史。主观精神的结果是自由意志的形成，并且要求把这种自由在客观世界中实现出来，这就过渡到客观精神阶段。

（2）客观精神

客观精神主要体现在黑格尔的《法哲学原理》中。客观精神是以自由意志为前提的普遍精神，也就是人类精神所创造的社会、国家、政治法律制度、风俗习惯和伦理道德。在《法哲学原理》的导言中，黑格尔认为自由既不是抽象的自由，也不是任意的自由，而是具体的自由，体现在现实生活中就是"法"。"法"是一个从抽象到具体的过程，有三个环节："抽象法""道德"和"伦理"。

抽象法以人格为基础，建立起了"所有权"的概念，这是抽象法的第一个环节。所有权就是人的人格主体在对象上的体现，侵犯他人的财产就是侵犯他人的人格。所有权体现了人对物的自由：只有自由的人才有占有物的权利。所有权要得到承认就需要人与人之间建立契约关系，"契约"是抽象法的第二个环节。契约是人转让所有权的自由或权利。契约中意志的同意只是偶然的、临时的，是"共同意志"，而不是"普遍意志"。"法和不法"是抽象法的第三个环节，法律只有在不法中才体现出它的现实性。"法和不法"是由于在对所有物的占有、使用和转让中，出现了特殊意志对共同意志的违背，即出现了

"不法"，这需要通过报复和惩罚来恢复正义。黑格尔强调报复是自己报复自己，是基于自由意志的规定，而不是复仇。在他看来，触犯法律受到惩罚是自作自受，自作自受里蕴含着道德的忏悔精神，由此进入了道德阶段。

黑格尔把道德称为主观意志法，是自由意志在内心的实现，是对自己客观行为的主观评价。道德分为故意、意图和良心三个层次。一个人的行为只有是故意的才负道德责任，无意的就可以不负道德责任。人要完全估计自己行为的全部后果是不可能的，所以故意行为应当负责的只是最近的或直接的后果。意图是对自己行为的后果已经有预见还要去做并愿意为它负责。道德行为都是有意图的，可能是为了物质的福利，也可能是为了精神的满足。所以道德行为是追求效果的，是动机和效果的统一。道德的最高阶段是"良心与善"。在这个阶段，道德不是达到其他目的的手段，道德是自身目的，即善。黑格尔区分了"形式的良心"与"真实的良心"：形式的良心是康德哲学的特征，是为道德而道德，为义务而义务；真实的良心是把道德理想在现实生活中实现出来，达到主观和客观、特殊性与普遍性的统一，从而进入伦理阶段。

伦理是主观和客观的统一，是按照人们的道德意识而确立的保障人的权利的外部的社会制度，是自由的外部权利和内心道德的统一体。伦理分为家庭、市民社会和国家三个层次。家庭是直接的、自然形式的伦理，建立在婚姻、血缘、种族延续的基础上，是一切伦理的基础。家庭的纽带是"两性之爱"，它是两个独立人格之间的法权关系，夫妻之间既有权利也有义务。建立在独立人格上的婚姻只能是一夫一妻制，夫妻共同养育子女，培养具有独立人格的社会公民。当子女离开家庭，成为社会的公民时，就由伦理进入市民社会。市民社会的纽带不再是爱，而是诚信和"天职"或职业道德。市民社会包括劳动和分工、司法、警察和同业公会，这些组织承担着预防社会危险和保护社会成员生命财产的功能。国家是客观精神的最高体现，"国家是地上的精神"，人只有在国家中才能获得真正的自由。黑格尔认为国家是神圣的，他反对三权分立，崇尚君主立宪制，主张王权、行政权、立法权统一起来。王权是最高的，是国家的象征；官僚阶级在国家中具有主导作用。他还主张限制市民阶级的权利。也因此他受到了自由主义者和封建保守势力的双重攻击。

国家利益高于一切，每一个国家都是独立的"个别主体"，这就会产生国与国之间的利益冲突，从而导致战争。黑格尔认为战争不完全是坏的，战争能调动一个国家的生命力，激励他们的勇敢精神。战争使得一个民族进入到国与国之间的关系，也就是进入了世界历史。黑格尔认为世界历史就是自由意识的进展，在世界历史上占主导地位的是那些合乎理性精神和自由精神发展方向的民族。自由意识发展的各个阶段与世界历史的各个发展阶段是对应的。世界历史经历了三个发展阶段：东方（中国、印度、波斯、埃及等）是初级阶段；古希腊罗马是第二阶段；日耳曼世界（基督教国家，从中世纪到近代）是第三阶段。他认为"东方从古到今知道只有'一个'是自由的；希腊和罗马世界知道'有些'是自由的；日耳曼世界知道'全体'是自由的。"

（3）绝对精神

精神哲学的最高阶段是"绝对精神"，它是主观精神和客观精神的统一，分为"艺术""宗教"和"哲学"三个阶段。这三者都能把握绝对，但方式和层次不同：艺术以感性的方式把握绝对，是初级的阶段；宗教以表象的方式把握绝对；哲学是艺术与宗教的统一，以概念的方式把握绝对，是最高级的阶段。

黑格尔主张艺术是内容和形式的统一，其内容是理念，形式是感性的方式。艺术的内容和形式最终都归结到人的情感和情致，归结为艺术家的主体创造活动。艺术家的创造活动既依靠他自身的天才和灵感，又离不开普遍的时代精神的启发，这就进入了艺术史的进程。艺术经历了三个发展阶段：第一阶段是"象征型艺术"，表现在东方神秘象征和原始自然宗教中的艺术，其理念内容与感性形式互相寻找但没有找到恰当的表征方式。第二阶段是"古典型艺术"，典范是古希腊艺术，内容与形式一致，感性形象完全表达了内容。第三阶段是"浪漫型艺术"，是从基督教以来直到黑格尔的时代。内容与形式分裂，形式方面卖弄技巧，丧失精神意蕴。内容越来越个人化、主观化，逐渐脱离了形式的控制走向宗教的层次。

宗教有三个层次："自然宗教""精神个体性宗教"和"绝对宗教"。自然宗教包括巫术、自然崇拜、儒教、佛教、埃及宗教等。"精神个体性宗教"是精神个体克服自然物而得到独立的阶段，这一阶段自然成了精神的附属物。"绝对宗教"指基督教，上帝化身为人而显示了人与神的统一。基督教的发展过程体现了从圣父、到圣子、圣灵的上升，并由此过渡到了哲学。

黑格尔认为哲学就是哲学史，没有死去的哲学，先出现的哲学内化为后出现的哲学的一个环节。因此，每一个时代的哲学都是绝对真理的一个不可缺少的环节，它们构成了一个有机的整体，即哲学史。哲学就是范畴在哲学史中的演进，最后出现的哲学即黑格尔的哲学是这个有机体的顶点，哲学史在黑格尔这里得到了终结。

【拓展】黑格尔的道德观与康德的有什么不同？

康德的道德只讲动机，不考虑道德行为的后果；只注重道德形式，缺乏道德的内容。这实际上是一种道德理想，在现实生活中很难实现。黑格尔主张将道德的动机和道德的效果统一起来，不能停留在主观意志层面，道德的意图、理想要在现实中实现出来。

17. 如何评价黑格尔的哲学思想

黑格尔整合了自古希腊以来西方哲学发展的全部历史，建立了一个无所不包的庞大的形而上学体系，将西方哲学的一切优秀成果纳入这个体系当中。黑格尔的哲学体系标志着形而上学的完成，也标志着形而上学的终结。这是因为黑格尔哲学的根基是理性主义和唯心主义，认为宇宙具有合理性，应该让理性来统治世界。而现代自然科学的发展却表明世界开端于物质，宇宙是非理性的，这就推翻了黑格尔哲学的基石。也因此，在黑格尔死后，他的哲学体系很快就土崩瓦解了。但是，不能因此就否定黑格尔哲学的贡献，否定形而上学的意义。现代西方哲学虽然标榜拒斥形而上学，排斥黑格尔，但他们的很多思想又是从黑格尔哲学中脱胎而来。因此对于黑格尔哲学，既不能全盘接受，也不能一棍子打死，正确态度是批判地吸收，即扬弃。正如马克思在《资本论》序言中所言："辩证法在黑格尔手中神秘化了，但这决不妨碍他第一个全面地有意识地叙述了辩证法的一般运动形式。在他那里，辩证法是倒立着的。必须把它倒过来，以便发现神秘外壳中的合理内核。"这才是对待黑格尔哲学的正确态度。

【强化训练】

一、判断题

1. 黑格尔是德国古典哲学的集大成者。　　　　　　　　（　　　）

2. 黑格尔的《精神现象学》开始于最简单直接的感性事物。（　　　）

3. 黑格尔认为教化阶段是精神的自我异化。 （ ）

4. 黑格尔的逻辑学以"纯存在"作为开端。 （ ）

5. 黑格尔的逻辑学是首尾贯通的螺旋式上升的体系。 （ ）

6. 黑格尔认为概念才是本质的存在。 （ ）

7. 黑格尔的道德只讲动机，不考虑道德行为的后果。 （ ）

8. 黑格尔认为家庭的纽带是亲情之爱。 （ ）

9. 黑格尔的"绝对宗教"就是指基督教。 （ ）

10. 黑格尔哲学建立在客观唯心主义基础之上，因而是毫无价值的。

（ ）

参考答案：

1. √　2. ×　3. √　4. √　5. √　6. √　7. ×　8. ×　9. √　10. ×

二、多选题

1. 黑格尔认为理性经历了（ ）阶段

A. 观察理性 B. 行动理性

C. 立法理性 D. 审核理性

2. 关于黑格尔的否定辩证法，下列表述正确的有（ ）

A. 是内容与形式的统一

B. 否定原则是辩证法的核心

C. 否定中有肯定

D. 蕴含着推动原则和创造原则

3. 黑格尔的哲学体系是（ ）

A. 主观唯心主义体系

B. 涵盖意识、自然和社会历史

C. 是自我运动的圆圈

D. 阐述了人类理性认识绝对精神的艰苦、曲折的漫长过程

4. 黑格尔的本质论包括三个阶段（ ）

A. 度 B. 本质自身

C. 现象 D. 现实

5. 关于黑格尔的逻辑学，下列说法正确的有（　　　）

A. 研究的对象是形式逻辑　　　　B. 研究的对象是本体论

C. 以本质为研究对象　　　　　　D. 以范畴为研究对象

6. 黑格尔的逻辑学包括三个大的环节（　　　）

A. 存在论　　　　　　　　　　　B. 范畴论

C. 本质论　　　　　　　　　　　D. 概念论

7. 黑格尔认为可以通过（　　　）来把握绝对精神。

A. 道德　　　　　　　　　　　　B. 艺术

C. 哲学　　　　　　　　　　　　D. 宗教

8. 黑格尔在《法哲学原理》中把法权分为（　　　）

A. 具体法　　　　　　　　　　　B. 抽象法

C. 伦理　　　　　　　　　　　　D. 道德

9. 黑格尔认为市民社会经历三个环节（　　　）

A. 需要的体系　　　　　　　　　B. 被需要的体系

C. 司法　　　　　　　　　　　　D. 警察和同业公会

10. 黑格尔认为哲学史是（　　　）

A. 时代精神的集中体现　　　　　B. "死人的王国"

C. 有机的进展的全体　　　　　　D. "许多理性思维的英雄们的展览"

参考答案：

1. ABCD　 2. ABCD　 3. BCD　 4. BCD　 5. BCD

6. ACD　 7. BCD　 8. BCD　 9. ACD　 10. ACD

三、简答题

1. 简述黑格尔的主奴关系。

2. 如何理解黑格尔精神哲学的三个阶段？

3. 简述黑格尔的存在论。

4. 简述黑格尔的本质论。

5. 简述黑格尔的历史哲学。

6. 简述黑格尔的抽象法。

四、论述题

1. 论述黑格尔的"实体即主体"。
2. 论述黑格尔的否定辩证法。
3. 论述黑格尔的概念论。
4. 论述黑格尔《法哲学原理》中的伦理学。

五、材料分析题

1. "逻辑须要作为纯粹理性的体系，作为纯粹思维的王国来把握。这个王国就是真理，正如真理本身是毫无蔽障，自在自为的那样。人们可以说，这个内容就是上帝的展示，展示出永恒本质中的上帝在创造自然和一个有限的精神以前是怎样的。"

上述材料体现了哪位哲学家的思想？试运用所学知识加以分析。

2. "自然并不是一个固定的自身完成之物，可以离开精神而独立存在，反之，惟有在精神里自然才达到它的目的和真理。同样，精神这一方面也并不仅是一超出自然的抽象之物，反之，精神惟有扬弃并包括自然于其内，方可成为真正的精神，方可证实其为精神。"

上述材料体现了哪位哲学家的思想？试运用所学知识加以分析。

【拓展阅读】

案例1：黑格尔的悲剧理论

《安提戈涅》是古希腊悲剧作家索福克勒斯的戏剧作品，也是哲学家黑格尔最爱引述的悲剧实例。安提戈涅是这部戏剧作品的主人公，她是俄狄浦斯的女儿。俄狄浦斯知道"弑父娶母"的真相后，戳瞎了自己的双眼，四处流浪。安提戈涅放弃了优渥的物质生活，陪同父亲流浪，照顾父亲。在俄狄浦斯去世后，她回到了忒拜城。

在安提戈涅陪伴俄狄浦斯流浪的过程中，忒拜城也风云变幻。一开始，俄狄浦斯的两个儿子，也就是安提戈涅的两个哥哥厄忒俄克勒斯与波吕涅克斯轮流执政。后来弟弟厄忒俄克勒斯享受了权力的快感，不愿意按约定将王位交给哥哥了。哥哥波吕涅克斯为了夺回王位，联合其他城邦的人一起进攻忒拜城。厄忒俄克勒斯为保卫城邦而出战，在战场上与哥哥波吕涅克斯相遇，兄弟俩互相杀死了对方。之后王位由兄弟俩的舅舅克瑞翁接任。

在克瑞翁看来，波吕涅克斯勾结外邦人进攻忒拜城，这是叛徒的行为。他下令将波吕涅克斯暴尸田野，任何人不准安葬他的尸体，违者处死。而厄忒俄克勒斯为保护城邦而战死，这是英雄的行为。克瑞翁给厄忒俄克勒斯举行了盛大的葬礼。根据古希腊的风俗文化，人死后入土为安是"天条"。作为波吕涅克斯的妹妹，安提戈涅不顾国王克瑞翁的禁令，以遵循"天条"为由，想方设法要安葬哥哥波吕涅克斯的尸体。于是她被克瑞翁下令处死。安提戈涅的未婚夫，即克瑞翁的儿子海蒙在未婚妻死后，悲愤地攻击自己的父亲，尔后在安提戈涅身边自杀。目睹了这一悲剧的海蒙的母亲、克瑞翁的妻子尤丽黛丝也含恨自杀。

故事中安提戈涅代表的是家庭伦理的力量，国王克瑞翁代表的是国家安全和荣誉的伦理力量。黑格尔认为双方的要求都是合理的：克瑞翁作为国王，理所当然要维护忒拜城的安全与荣誉，从而处死危害城邦安全的安提戈涅的哥哥波吕涅克斯；而安提戈涅作为波吕涅克斯的妹妹，她站在家庭伦理道德这边，让哥哥入土为安也是合理的。同时，双方又都是片面的：国王克瑞翁的行为破坏了家庭的伦理道德，安提戈涅的行为违背了君主的意志。其结果是两败俱伤：安提戈涅死亡，克瑞翁痛失妻儿，沦为孤家寡人。尽管他们双方都失败了，但他们所代表的普遍的伦理力量在新的高度上实现了和谐。

【思考】如何理解黑格尔的悲剧理论？

【参考答案】关于悲剧，黑格尔的理解与通常的看法不一样。黑格尔认为，悲剧的实质是伦理实体的自我分裂与重新和解，伦理实体的分裂是悲剧冲突产生的根源，悲剧冲突是两种片面的伦理实体的交锋。

案例2：黑格尔称拿破仑为"世界精神"

黑格尔在《法哲学原理》一书中曾批判法国革命为"破坏的怒潮"，可看似对法国革命毫不赞同的黑格尔却对代表法国革命成果的拿破仑另有看法，不仅称赞他为"马背上的世界精神"，还认为他能够将法国自由理念传播到全世界。

1806年10月30日，在被法国军队攻陷的东普鲁士城市耶拿，黑格尔从住所的窗口向外张望，他看见法国统帅拿破仑骑着马正从街上走过。

当天夜里，在给朋友的信中，他情不自禁地写道："我看见皇帝——这位世界精神——骑着马出来巡视全城。看到这样一个个体，他掌握着世界，主宰着世界，却在眼前集中于一点，骑在马背上，真令我有一种奇异的感觉。"

在拿破仑统治欧洲的整个时期，黑格尔始终保持着这种崇敬之情。而当拿破仑1814年战败时，黑格尔称之为一个悲剧，是平庸毁灭伟大天才的奇观。

【思考】什么是黑格尔所谓的"世界精神"？黑格尔为什么赞扬拿破仑？

【参考答案】"世界精神"，在黑格尔哲学中与"绝对精神"同义。在他看来，人类历史就是一部"绝对精神"的展开史。绝对精神是唯一的存在，而那些能引导甚至改变历史发展的大人物，如拿破仑就是绝对精神（或世界精神）的代表，他们听从世界精神的召唤，推动自由的扩展和实现。

案例3：青年黑格尔派和老年黑格尔派

1831年，哲学家黑格尔因病去世。在他死后不久，黑格尔学派内部开始分化，形成了青年黑格尔派和老年黑格尔派。两派相互争论，都自称自己才是真正的黑格尔哲学的继承人。

青年黑格尔派，亦称黑格尔左派，其思想比较激进，主要成员有大卫·施特劳斯、鲍威尔兄弟、施蒂纳、梅因、卢格等。青年黑格尔派发展了黑格尔哲学中的自我意识，认为"自我意识是世界和历史的惟一力量"；他们从黑格尔的辩证法中引出了革命的精神；他们还对政治制度和基督教进行批判，具有无神论的倾向。

1835年，施特劳斯的《耶稣传》试图用黑格尔的思想对《福音书》进行重构，促进了青年黑格尔运动的兴起。在30年代，青年黑格尔派注重对宗教特别是对福音书的批判性研究。如施特劳斯认为，福音书是集体无意识创造的产物。鲍威尔则反对施特劳斯的无意识创造说，他认为个体的自我意识才能使得《圣经》具体生动。到了40年代，青年黑格尔派发生分化并解体。卢格开始公开批判普鲁士国家制度；费尔巴哈从唯物论出发批判宗教和黑格尔哲学；鲍威尔兄弟和梅因等人组成"柏林自由人"小组，蔑视群众，指责英法等国的社会主义工人运动；施蒂纳则鼓吹无政府主义。

马克思和恩格斯也参加过青年黑格尔运动，但他们迅速从宗教批判转向政治批判，进而转向唯物主义和共产主义。

　　老年黑格尔派也称"黑格尔右派"，其思想比较保守。主要成员有辛里克斯、加布勒、罗生克兰兹等。在哲学上，他们固守黑格尔的客观唯心主义体系，用黑格尔的"绝对精神"解释一切；对黑格尔的辩证法贬抑、否定。在宗教上，宣扬有神论，用基督教的正统思想解释黑格尔哲学。在政治上，为现存的政治制度作辩护，反对民主革命。老年黑格尔派整理出版了黑格尔生前未能出版的重要著作，如《历史哲学讲演录》《美学讲演录》《宗教哲学讲演录》《哲学史讲演录》等，为使黑格尔的生平与著作的传世做出了贡献。

主要参考文献

［1］《西方哲学史》编写组编：《西方哲学史》（马克思主义理论研究和建设工程重点教材），高等教育出版社，2011年。

［2］张志伟主编：《西方哲学史》（第二版），中国人民大学出版社，2010年。

［3］赵敦华：《西方哲学简史》，北京大学出版社，2000年。

［4］张志伟：《西方哲学十五讲》，北京大学出版社，2004年。

［5］邓晓芒、赵林：《西方哲学史》，高等教育出版社，2005年。

［6］（德）黑格尔著，贺麟、王太庆等译：《哲学史讲演录》，商务印书馆，2017年。

［7］（英）罗素著，何兆武、李约瑟译：《西方哲学史》，商务印书馆，1977年。

［8］（古希腊）亚里士多德著，吴寿彭译：《形而上学》，商务印书馆，1959年。

［9］北京大学哲学系外国哲学史教研室编译：《西方哲学原著选读》上卷，商务印书馆，1981年。

［10］北京大学哲学系外国哲学史教研室编译：《西方哲学原著选读》下卷，商务印书馆，1982年。

［11］（古希腊）柏拉图著，郭斌和、张竹明译，靳希平选编：《理想国》（节选本），商务印书馆，2002年。

［12］（古希腊）柏拉图著，谢善元译：《苏格拉底之死》，上海译文出版社，2011年。

［13］（古罗马）马可·奥勒留著，何怀宏译：《沉思录》，生活·读书·新

知三联书店，2002年。

[14] 北京大学哲学系外国哲学史教研室编：《古希腊罗马哲学》，商务印书馆，1961年。

[15]（古罗马）奥古斯丁著，周士良译：《忏悔录》，商务印书馆，1963年。

[16] 北京大学哲学系外国哲学史教研室编译：《十六—十八世纪西欧各国哲学》，商务印书馆，1975年。

[17]（英）培根著，许宝骙译：《新工具》，商务印书馆，1984年。

[18]（英）培根著，水天同译：《培根论说文集》，商务印书馆，1983年。

[19]（英）霍布斯著，黎思复、黎廷弼译：《利维坦》，商务印书馆，1985年。

[20]（英）洛克著，叶启芳、瞿菊农译：《政府论》，商务印书馆，1964年。

[21]（英）洛克著，杨汉麟译：《教育漫话》（全译·注释本），人民教育出版社，2006年。

[22]（英）乔治·贝克莱著，关文运译：《人类知识原理》，商务印书馆，1973年。

[23]（英）休谟著，关文运译：《人性论》，商务印书馆，1980年。

[24]（英）休谟著，陈修斋、曹棉之译，郑之骧校：《自然宗教对话录》，商务印书馆，1962年。

[25]（法）笛卡尔著，庞景仁译：《第一哲学沉思集》，商务印书馆，1986年。

[26]（法）笛卡尔著，王太庆译：《谈谈方法》，商务印书馆，2000年。

[27]（法）伽森狄著，庞景仁译：《对笛卡尔〈沉思〉的诘难》，商务印书馆，1963年。

[28]（法）狄德罗著，罗芃、章文译：《哲学思想录》，上海译文出版社，2021年。

[29]（荷兰）斯宾诺莎著，贺麟译：《伦理学》，商务印书馆，1983年。

[30]（荷兰）斯宾诺莎著，贺麟译：《知性改进论》，商务印书馆，1960年。

[31]（德）莱布尼茨著，陈修斋译：《人类理智新论》，商务印书馆，1982年。

［32］（法）孟德斯鸠著，张雁深译：《论法的精神》上册，商务印书馆，1993年。

［33］（法）卢梭著，黎星、范希衡译：《忏悔录》，人民文学出版社，1992年。

［34］（法）卢梭著，何兆武译：《社会契约论》（第3版），商务印书馆，2003年。

［35］（法）拉·梅特里著，顾寿观译，王太庆校：《人是机器》，商务印书馆，1959年。

［36］（德）康德著，邓晓芒译，杨祖陶校：《纯粹理性批判》，人民出版社，2004年。

［37］（德）康德著，邓晓芒译，杨祖陶校：《实践理性批判》，人民出版社，2003年。

［38］（德）康德著，邓晓芒译，杨祖陶校：《判断力批判》，人民出版社，2002年。

［39］（德）黑格尔著，贺麟、王玖兴译：《精神现象学》上卷，商务印书馆，1979年。

［40］（德）黑格尔著，范扬、张企泰译：《法哲学原理》，商务印书馆，1961年。

［41］（奥地利）路德维希·维特根斯坦著，贺绍甲译：《逻辑哲学论》，商务印书馆，1996年。

［42］《马克思恩格斯选集》第1卷，人民出版社，1995年。

［43］《马克思恩格斯文集》第1卷，人民出版社，2009年。

［44］《马克思恩格斯文集》第4卷，人民出版社，2009年。

［45］《马克思恩格斯文集》第9卷，人民出版社，2009年。

［46］北京大学哲学系外国哲学史教研室编译：《十八世纪法国哲学》，商务印书馆，1979年。

［47］赵敦华：《基督教哲学1500年》，人民出版社，1994年。

［48］叶秀山：《苏格拉底及其哲学思想》，人民出版社，1986年。

［49］苗力田主编：《亚里士多德全集》第七卷，中国人民大学出版社，1993年。

［50］（法）让-皮埃尔·韦尔南著，秦海鹰译：《希腊思想的起源》，生活·读书·新知三联书店，1996年。

［51］汪子嵩等主编：《希腊哲学史》，人民出版社，1993年。

［52］（古希腊）柏拉图著，王晓朝译：《柏拉图全集》第一卷，人民出版社，2002年。

［53］（古希腊）柏拉图著，王晓朝译：《柏拉图全集》第二卷，人民出版社，2003年。

［54］苗力田主编：《古希腊哲学》，中国人民大学出版社，1989年。

［55］杨祖陶、邓晓芒编译：《康德三大批判精粹》，人民出版社，2001年。

［56］（英）大卫·埃德蒙兹、约翰·艾丁诺著，周保巍、杨杰译：《卢梭与休谟：他们的时代恩怨》，上海人民出版社，2016年。

［57］文聘元：《西方哲学的故事》，百花文艺出版社，2001年。

［58］刘慈欣：《三体2：黑暗森林》，重庆出版社，2008年。